Chouette

6e

11-12 ANS

Français

Thierry Marquetty

Hatier

Voici **la liste des 52 chapitres de ton cahier Chouette.** Quand tu as terminé le travail sur un chapitre, indique la date et reporte le score total obtenu aux exercices.

Ton tableau de bord

Suivi éditorial : Agnès Marot – Imaginemos
Maquette : Frédéric Jély
Illustrations : Adrien Siroy (dessins de la chouette), Martin Maniez, Mathieu de Muizon
Mise en pages : Compo Méca

ISBN 978-2-218-96997-3

À la fin du cahier
- Classes grammaticales et fonctions
- Principales confusions orthographiques
- 30 verbes modèles

Au centre du cahier
Le guide Chouette
- Tous les **corrigés** des exercices, avec des explications
- Des informations « spécial parents »

TEST

1. *Réponds aux questions du test.*
2. *Vérifie chaque réponse à l'aide du corrigé page 2 du livret détachable.*
3. *Si ta réponse n'est pas juste, entoure le n° du chapitre : il est à réviser en priorité.*

GRAMMAIRE

CHAPITRE

1. Dans la phrase ci-dessous, combien y a-t-il de noms ? — 1 p. 6
Au centre de la place de la Concorde, à Paris, se dresse un obélisque. ☐ trois ☐ quatre ☐ cinq

2. Coche les mots qui sont des pronoms personnels. ☐ je ☐ il ☐ celui ☐ le ☐ lui — 3 p. 8

3. Dans la phrase ci-dessous, souligne les adjectifs et indique leur fonction. — 5 p. 10
Jeanne porte un pantalon moulant de couleur vive. Fonction : ☐ épithète ☐ attribut

4. Dans la phrase ci-dessous, encadre le sujet et souligne l'attribut du sujet. — 8 p. 13
La chenille est devenue un papillon.

5. Indique la fonction du mot souligné dans la phrase ci-dessous. — 9 p. 14
Je vous ai préparé une surprise. ☐ COD ☐ COI ☐ COS

6. Indique la fonction du groupe souligné dans la phrase ci-dessous. — 11 p. 16
Je suis entré dans la chambre sans faire de bruit. ☐ CC de lieu ☐ CC de temps ☐ CC de manière

7. Indique le type de la phrase ci-dessous. — 13 p. 18
Demande à tes parents si tu peux m'accompagner. ☐ déclaratif ☐ interrogatif ☐ impératif

8. Combien de propositions comprend la phrase ci-dessous ? — 16 p. 21
Nous n'avons pas reçu la réponse que nous attendions. ☐ une ☐ deux ☐ trois

CONJUGAISON

CHAPITRE

9. Coche les formes du verbe *être*. ☐ ai ☐ est ☐ seront ☐ a été — 18 p. 23

10. Parmi ces verbes du 3e groupe, lesquels ne prennent pas les terminaisons *-s*, *-s*, *-t* au singulier du présent ? — 20 p. 25
☐ partir ☐ prendre ☐ vouloir ☐ aller

11. Dans cette série de verbes, quel est l'intrus ? — 23 p. 28
☐ je pensai ☐ j'aperçus ☐ je croyais ☐ je vis
- À quel temps est ce verbe ? ....

12. Donne la 3e personne du pluriel du verbe *réussir* au passé composé et au plus-que-parfait. — 24 p. 29
- Passé composé : ....
- Plus-que-parfait : ....

13. Avec quelle forme faut-il compléter la phrase ci-dessous ? — 25 p. 30
Ne .... jamais tes coordonnées à un inconnu.
☐ donne ☐ donnes ☐ donnent
- À quel mode est le verbe ? ....

14. Avec quelle forme faut-il compléter la phrase ci-dessous ? — 26 p. 31
Je .... que nous nous retrouvions directement au cinéma.
☐ préférerai ☐ préférerais ☐ préférerait
- À quel mode est le verbe ? ....

ORTHOGRAPHE

CHAPITRE

15. Mets au pluriel les GN suivants :
un feu destructeur ....
une voix perçante ....
un beau dimanche ....

27 p. 32

16. Mets au féminin les GN suivants :
un héros courageux ....
un acteur célèbre ....
un roi égyptien ....

29 p. 34

17. Complète la règle.
L'adjectif s'accorde en .... et en .... avec le ....
(ou le pronom auquel il se rapporte), quelle que soit sa fonction dans la phrase.

31 p. 36

18. Complète la règle.
Le verbe s'accorde en .... et en .... avec son ....

32 p. 37

19. Avec quelle forme faut-il compléter la phrase ci-dessous ?
J'ai lu tous les livres que tu m'as .... ☐ conseiller ☐ conseillé ☐ conseillés

34 p. 39

20. Complète les phrases qui suivent.
a. .... irons-nous cet été ? Au bord de la mer .... la montagne ?
b. .... toujours besoin d'un plus petit que soi.

35 p. 40

21. Complète les phrases qui suivent avec *ce*, *se*, *ces* ou *ses*.
a. .... soir, nous mangeons .... qui vous fait plaisir.
b. Il .... souvient de .... vacances au Maroc.

37 p. 42

22. Dans quels mots manque-t-il un accent circonflexe ? ☐ hotel ☐ theatre ☐ gateau ☐ aout

39 p. 44

VOCABULAIRE

CHAPITRE

23. Quel nom n'a qu'un seul sens ? ☐ opération ☐ poivre ☐ rayon ☐ temps ☐ verre

44 p. 49

24. Complète les définitions.
a. On appelle .... des mots qui ont le même sens (ou un sens très voisin).
b. On appelle .... des mots de sens contraires.

45 p. 50

25. Coche les adjectifs dans lesquels le préfixe *in-* a un sens négatif.
☐ interne ☐ incroyable ☐ influent ☐ infirme ☐ insoluble

47 p. 52

LECTURE ET EXPRESSION ÉCRITE

CHAPITRE

26. Indique le registre de chaque mot.
a. individu ☐ soutenu ☐ familier ☐ courant
b. homme ☐ soutenu ☐ familier ☐ courant
c. mec ☐ soutenu ☐ familier ☐ courant

49 p. 54

27. Quels temps utilise-t-on dans un récit au passé ? Complète.
Dans un récit au passé, le .... est utilisé pour rapporter les actions qui font progresser l'histoire. L'............... lui sert à .... ou à expliquer.

50 p. 56

28. Numérote les étapes d'un récit dans l'ordre qui convient.
..... situation finale ..... situation initiale ..... péripéties ..... élément déclencheur .... dénouement

51 p. 58

GRAMMAIRE

1 Reconnaître un nom

Qu'est-ce qu'un nom ?

- Un nom est un mot qui sert à **désigner** une personne (un piéton, Brigitte), un animal (une poule), une chose (un ordinateur, la Seine) ou une idée (l'amitié).
  Le plus souvent, il est précédé d'un **déterminant** (un, une, le, la, etc.).
  Un nom a un **genre** (masculin ou féminin), indiqué dans le dictionnaire.

ATTENTION Les déterminants pluriels ne nous informent pas sur le genre du nom : pense à le mettre au singulier.

★ 1 **Indique, à l'aide d'une initiale, le genre masculin (M) ou féminin (F) et le nombre singulier (S) ou pluriel (P) des noms en couleur. Tu peux t'aider du dictionnaire.**

1. L'équateur (. . . , . . .) partage la Terre en deux parties égales : les hémisphères (. . . , . . .). • **2.** Dans le Sahara, des oasis (. . . , . . .) se forment là où remontent les rivières souterraines provenant du massif (. . . , . . .) de l'Atlas. • **3.** Au centre de la place (. . . , . . .) de la Concorde, se trouve l'obélisque (. . . , . . .) qui a été donné par l'Égypte à la France en 1835. • **4.** Le WWF œuvre pour la protection des espèces (. . . , . . .) en voie de disparition.

SCORE . . . . / 7

Comment classer les noms ?

- L'analyse des noms conduit à distinguer :
  – les noms **communs**, qui désignent une catégorie d'êtres ou de choses (piéton, ordinateur) ;
  – les noms **propres**, qui désignent un être ou une chose unique (Brigitte, la Seine).
  Les noms communs varient en **nombre** (singulier ou pluriel).
- On distingue par ailleurs :
  – les noms **animés** (piéton, Brigitte) des noms **inanimés** (ordinateur, amitié) ;
  – les noms **concrets** (piéton, poule, ordinateur) des noms **abstraits** (amitié).

COUP DE POUCE La phrase contient onze noms, dont trois noms propres.

★ 2 **Dans la phrase suivante, souligne les noms communs et encadre les noms propres.**

Denise était venue à pied de la gare Saint-Lazare, où un train de Cherbourg l'avait débarquée avec ses deux frères, après une nuit passée sur la dure banquette d'un wagon de troisième classe.

É. Zola, *Au bonheur des dames*, 1883.

SCORE . . . . / 11

INFO Les noms animés sont toujours des noms concrets.

★★ 3 **Complète le tableau suivant en cochant les cases qui conviennent.**

	Noms animés	Noms inanimés	Noms concrets	Noms abstraits
humour				
Tintin				
album				
Tibet				
chien				

SCORE . . . . / 9

Corrigés p . 2

TOTAL . . . . / 27

2 Utiliser des déterminants

Qu'est-ce qu'un déterminant ?

- Un déterminant est un **élément du groupe nominal**. Il se place devant le nom (ou devant l'adjectif qui caractérise le nom). Accordé avec ce nom, il permet le plus souvent d'en connaître le genre et le nombre : **un** chien (masc., sing.), **les** chiens (masc.,pl.)...

- Parmi les déterminants, on distingue les catégories suivantes.

Article défini	Il introduit le nom d'une chose ou d'un être précis, déterminé.	*le, la, les, l'*
Article indéfini	Il introduit le nom d'une chose ou d'un être imprécis, indéterminé.	*un, une, des, de*
Déterminant possessif	Il exprime une idée d'appartenance.	*mon, ma, mes, ton, ta, tes, son, sa, ses, notre, nos, votre, vos, leur, leurs*
Déterminant démonstratif	Il montre la chose ou l'être désigné par le nom, ou renvoie à un nom dont on vient de parler.	*ce, cet, cette, ces*

- On appelle **article défini contracté** la combinaison d'un article défini et d'une préposition : *au* (= à + le), *aux* (= à + les), *du* (= de + le), *des* (= de + les).

  Ce soir, nous allons au cinéma.

J'AI DÛ METTRE UN S LORS DE LA COMMANDE.

1 **Réécris chaque phrase en remplaçant le nom en couleur par un nom de la liste :** cartes – gâteaux – argent.

1. Ils adorent manger de la glace. → des gâteaux
2. As-tu reçu des cadeaux pour ta fête ? → de l'argent
3. Elle joue à la marelle. → aux cartes

SCORE .... / 3

ATTENTION En changeant le nom, tu es amené à modifier le déterminant.

2 **Souligne les déterminants.**

Pendant que la voiture ronflait, Adèle cherchait sur son GPS un itinéraire pour le voyage qu'elle avait en tête. Mais où se trouvait cette ville ? Avant ou après la traversée de la Loire ?

SCORE .... / 7

INFO Les noms ne sont pas toujours précédés d'un déterminant.

3 **Complète ce passage du *Chat botté* de Charles Perrault à l'aide des déterminants de la liste :** sa – le – leur – un – la – mon – du.

Le Chat botté aide son maître, le fils du meunier, à faire fortune.

Un jour, apercevant le roi et sa fille dans leur carrosse, le chat se précipite vers le fils du meunier.

– Déshabillez-vous, mon maître ! Plongez dans la rivière qui longe la route, et laissez-moi faire !

SCORE .... / 10

COUP DE POUCE Certains déterminants doivent être utilisés plusieurs fois.

Corrigés p. 2

TOTAL .... / 20

GRAMMAIRE

3 Employer des pronoms personnels

Qu'est-ce qu'un pronom personnel ?

- Les pronoms personnels **varient en nombre et en personne**.

	Singulier	Pluriel
1re personne	je, me, moi	nous
2e personne	tu, te, toi	vous
3e personne	il, elle, le, la, lui, soi, se, en, y	ils, elles, les, leur, eux, se, en, y

- Les pronoms de la **3e personne** représentent un nom (ou un groupe nominal) qu'ils remplacent pour éviter une répétition.

*Claire a un frère, **il** est plus jeune qu'**elle**.*

Les pronoms des **1re et 2e personnes** désignent les personnes communiquant entre elles.

Je t'*invite à mon anniversaire.*

1 a. **Souligne les pronoms personnels dans le texte suivant.**

« S'il tombait une vieille étoile au fond du jardin, me dit Patachou, elle serait à moi.
– Tu me la donnerais ?
– Volontiers, mais qu'en ferais-tu ?
– Je la ramasserais.
– Tu te brûlerais. »

T. Derème, *Patachou petit garçon* © J. & D., 1929.

b. **Relève ceux qui reprennent un élément déjà évoqué.** → ....

c. **Relève ceux qui désignent les personnes qui communiquent entre elles.**

→ ....

SCORE .... / 21

ATTENTION
Un des pronoms ne désigne pas une personne.

INFO
Dans une situation de communication, il y a celui qui parle et celui à qui l'on parle.

La fonction du pronom personnel peut-elle modifier sa forme ?

- Oui, les pronoms personnels **varient selon la fonction** qu'ils occupent dans la phrase, sauf *nous*, *vous*, *en* et *y*.

***Je** joue.* → 1re pers. du sing. sujet.

*Pierre **me** parle.* → 1re pers. du sing. COI.

2 **Remplace les mots en couleur par le pronom personnel qui convient, puis indique sa fonction dans les parenthèses.**

1. Mon ami et moi sommes allés au cinéma. → ....(.....................)
2. Ils ont fait la publicité de ce nouveau produit. → ....(.....................)
3. Quand pensez-vous retourner en Espagne ? → ....(.....................)
4. Le Louvre propose un tarif réduit à ses adhérents. → ....(.....................)

SCORE .... / 8

COUP DE POUCE
Selon les cas, le pronom est sujet, COI, COS ou complément circonstanciel.

Corrigés p. 3

TOTAL .... / 29

GRAMMAIRE

4 Employer d'autres pronoms

Qu'est-ce qu'un pronom possessif ?

- Le pronom possessif (*le mien, le tien, le sien, le nôtre, le vôtre, le leur*) représente **un nom précédé d'un déterminant possessif.**

*Tu as **tes affaires**, j'ai **les miennes**, ils ont **les leurs**.*

1 **Complète avec le pronom possessif qui convient, puis souligne le groupe nominal qu'il représente.**

1. Tu as tes idées, il a .... , inutile de vous disputer. • **2.** J'ai pris mon parapluie, j'espère qu'ils auront pris .... • **3.** J'ai cassé la mine de mon crayon, puis-je t'emprunter .... ? • **4.** Je vous accompagne chez votre ami, quelle voiture prenons-nous ? .... ou .... ?

SCORE ..../ 4

COUP DE POUCE
Le choix du pronom dépend de l'objet possédé et du possesseur.

Qu'est-ce qu'un pronom démonstratif ?

- Le pronom démonstratif a des **formes simples** et des **formes renforcées** avec *-ci* ou *-là*.

	Neutre	Masc. sing.	Fém. sing.	Masc. plur.	Fém. plur.
Formes simples	ce, c'	celui	celle	ceux	celles
Formes renforcées	cela, ceci, ça	celui-ci, celui-là	celle-ci, celle-là	ceux-ci, ceux-là	celles-ci, celles-là

- Il représente, en général, **un groupe nominal déjà cité.**

*J'ai rencontré un de tes amis. **Celui-ci** ne m'a pas reconnu.*

2 **Réécris les phrases en remplaçant les mots en couleur par les mots entre parenthèses.**

1. On m'a donné ce livre (cette revue), ce n'est pas celui que j'aurais choisi.

→ On m'a donné cette revue, ce n'est pas celle que j'aurais choisi.

2. Si vous voulez un melon (des pastèques) bien mûr, prenez celui-ci.

→ Si vous voulez des pastèques bien mûres, prenez celui-ci.

3. Les bonbons (les sucettes), les enfants adorent ça !

→ Les susettes, le enfants adorent ça !

4. Cette robe (ces bijoux) est magnifique, celle-ci également, et que dire de celle-là !

→ Ces bijoux sont magnifiques, ~~celle~~ ceux-ci également et que dire de celle-là.

SCORE ..../ 4

COUP DE POUCE
En faisant le remplacement, tu es amené à modifier un pronom démonstratif.

3 **Souligne les mots que remplace le pronom démonstratif en couleur.**

1. Rire, ça fait du bien pour le moral. • **2.** C'est heureux qu'il ait réussi à prendre son train à temps. • **3.** Jouer aux cartes avec des tricheurs, je n'aime pas cela du tout. • **4.** Le lys, c'est le symbole de la royauté. • **5.** Cette maison est humide, ce qui la rend insalubre.

SCORE ..../ 5

ATTENTION
Le pronom peut être devant ou derrière les mots qu'il représente.

Corrigés p. 3

TOTAL ..../ 13

5 Reconnaître un adjectif qualificatif

Qu'est-ce qu'un adjectif qualificatif ?

- L'adjectif qualificatif est un mot qui est **employé avec un nom** et qui sert à donner des précisions sur la chose ou l'être désigné par le nom.

  *Un vent **chaud** balaie la ville **endormie**.*
  Ici, l'adjectif *chaud* qualifie le nom *vent* ; l'adjectif *endormie* précise le nom *ville*.

- L'adjectif qualificatif placé à côté du nom est **épithète**. Il fait alors partie du groupe nominal. *C'était une bête **superbe** évoluant avec une grâce **légère**.*

- L'adjectif qualificatif séparé du nom par un verbe d'état (*être*, *devenir*, *rester*...) est **attribut** du sujet. Il fait alors partie du groupe verbal. *Ce travail devient **pénible**.*

★ 1 Relève les adjectifs de ce texte, puis indique pour chacun le nom auquel il se rapporte.

> Un jour vers midi du côté du parc Monceau, sur la plate-forme arrière d'un autobus à peu près complet de la ligne S (aujourd'hui 84), j'aperçus un personnage au cou fort long qui portait un feutre mou entouré d'un galon tressé au lieu de ruban.

R. Queneau, *Exercices de style* © Gallimard, 1947.

Ex. : arrière → plate-forme .... → ....

.... → .... → ....

.... → .... → ....

SCORE .... / 5

★ 2 Remplace chaque groupe de mots en couleur par un adjectif de même sens.

1. un plat qui met en appétit → un plat appétissant
2. une revue qui paraît toutes les semaines → une revue hebdomadaire
3. une silhouette de femme → une silhouette féminine
4. un enfant qui n'a pas de parents → un enfant orphelin

SCORE .... / 4

★★ 3 Donne la fonction (épithète ou attribut) de chaque adjectif en couleur, et souligne le nom qu'il caractérise.

> Derrière nous, une forme humaine (................) était allongée (................), drapée (................) dans une longue (................) robe blanchie (................) par la poussière. [...] Le long des murs, une rangée de statues qui semblaient dormir, couchées (................) sur de lourds (................) cercueils de pierre.

J.-P. Arrou-Vignod, *Enquête au collège* © Gallimard, coll. « Folio junior », 1991.

SCORE .... / 7

★★ 4 Relève, dans le texte de l'exercice 3, les participes passés employés comme adjectifs.

....

SCORE .... / 4

ATTENTION
Un nom peut être caractérisé par un ou plusieurs adjectifs.

COUP DE POUCE
L'adjectif appartient le plus souvent à la même famille de mots que le nom.

INFO
Contrairement à l'adjectif attribut, l'adjectif épithète peut être placé avant le nom.

COUP DE POUCE
Dans l'exercice 4, tu dois trouver quatre participes passés.

Corrigés p. 4

TOTAL .... / 20

GRAMMAIRE

6 Reconnaître un verbe

Qu'est-ce qu'un verbe ?

- Le verbe est le seul mot qui **se conjugue**, c'est-à-dire qu'il varie selon le sujet, le temps, le mode. *Les chats* ***guettaient*** (infinitif : *guetter*) *les moineaux.*

1 **Souligne, dans ce poème de J. Charpentreau, les verbes conjugués et encadre les verbes à l'infinitif** (s'il y a des verbes en double, écris-les une seule fois).

Ce que veulent dire les mots
On ne le sait pas quand ils viennent ;
Il faut qu'ils se parlent, se trouvent,
Qu'ils se découvrent, qu'ils s'apprennent.
Ce que veulent dire les mots

Ils ne le savent pas eux-mêmes,
Mais les voilà qui se regroupent,
Qui s'interpellent, se répondent,
Et si l'on sait tendre l'oreille,
On entend parler le poème.

J. Charpentreau, *Ce que les mots veulent dire*, Vie ouvrière « Pour le plaisir », Bruxelles, 1986.

SCORE .... / 16

COUP DE POUCE
Il y a treize verbes conjugués et trois verbes à l'infinitif.

Comment classe-t-on les verbes ?

- On distingue les **verbes d'action** (les plus nombreux) des **verbes d'état** ou attributifs (*être*, *sembler*, *paraître*, *devenir*, *rester*, *demeurer*...) qui expriment un état ou un devenir.
  *Il s'****entraîne*** (action) *et* ***demeure*** (état) *confiant.*
- Les **verbes transitifs** sont des verbes qui admettent un complément d'objet.
- Les verbes transitifs directs admettent un COD.
  Il ***tranche*** *le pain.* (le pain : COD)
- Les verbes transitifs indirects admettent un COI.
  Il ***obéit*** *à sa sœur.* (à sa sœur : COI)
- Les **verbes intransitifs** n'admettent pas de complément d'objet.
  L'avion ***atterrit***.

2 **Verbe d'action ou verbe d'état ? Coche la bonne réponse.**

1. Tout semble ❑ état ❑ action très sombre.
2. Une lueur apparaît ❑ état ❑ action au fond du couloir.
3. Cette lueur paraît ❑ état ❑ action faible.
4. Dans cette pénombre, il a peur et reste ❑ état ❑ action pétrifié.
5. Il demeure ❑ état ❑ action assis dans un coin, en attendant que le soleil paraisse ❑ état ❑ action.

SCORE .... / 6

ATTENTION
Un des verbes est à la fois un verbe d'état et un verbe d'action.

3 **Dans chaque liste, barre l'intrus.**

1. laver – manger – saler – baver – couper.
2. ouvrir – accourir – cueillir – bâtir – servir.
3. séduire – produire – cuire – détruire – luire.

SCORE .... / 3

COUP DE POUCE
Pour chaque verbe de l'exercice 3, demande-toi s'il s'agit d'un verbe transitif.

Corrigés p. 4

TOTAL .... / 25

GRAMMAIRE

7 Identifier la fonction sujet

Qu'est-ce qu'un sujet ? À quoi sert-il ?

- Le sujet des verbes d'action indique **qui (ou ce qui) fait l'action** exprimée par le verbe. Pour le trouver, pose la question ***qui est-ce qui... ?*** ou ***qu'est-ce qui... ?*** avant le verbe.

  Mon frère est parti en voyage. → **Qui est-ce qui** est parti ? **Mon frère.** (= sujet)

- Le sujet **ne peut pas être supprimé**, sauf quand le verbe est à l'impératif. *Écoute !*
- Le sujet est le plus souvent un nom, un GN ou un pronom ; il peut être aussi un infinitif ou une proposition subordonnée. ***Conduire*** (infinitif) *est fatigant.*

★ 1 Remplace chaque sujet en couleur par le pronom personnel qui convient.

1. Mes amis et moi (.........) avons décidé de partir en camping. • **2.** Paul et sa sœur (.........) amèneront une tente, Jeanne et toi (.........) achèterez des provisions. • **3.** Adèle et Louise (...............) prépareront l'itinéraire et Adrien (.........) se chargera de louer une voiture.

SCORE .... / 5

INFO
Le masculin l'emporte lorsque le pronom remplace plusieurs noms de genres différents.

★★ 2 Souligne le sujet des verbes en couleur, puis complète le tableau avec des croix.

1. Nous avons vu ce film en avant-première. • **2.** Peux-tu me prêter ton stylo ? • **3.** Lucie ouvrit la boîte aux lettres, prit la lettre et la décacheta. • **4.** Souffler n'est pas jouer. • **5.** Quand se présente un client, soyez aimable, je vous prie.

	Classe grammaticale du sujet			Place du sujet	
	nom ou GN	pronom	infinitif	avant le verbe	après le verbe
1					
2					
3					
4					
5					

SCORE .... / 10

COUP DE POUCE
Dans la phrase 3, les trois verbes ont un sujet commun.

Quel lien existe-t-il entre le verbe et son sujet ?

- Le sujet **commande l'accord du verbe**. Il précède le plus souvent le verbe mais est parfois inversé.

  *Dans le jardin poussent **des radis et des salades**.*

Attention ! Un verbe qui a plusieurs sujets se met au pluriel.

***Brigitte et Adèle** s'observaient en silence.*

★ 3 Coche la forme verbale qui convient.

1. À côté de nous ❑ flambaient ❑ flambait l'énorme cheminée où, par grand froid, ❑ se consumaient ❑ se consumait des troncs d'arbres entiers. • **2.** L'herbe sombre et une double ligne d'arbres ❑ indique ❑ indiquent le cours de la rivière.

SCORE .... / 3

ATTENTION
Dans la phrase 2, le verbe a deux sujets.

Corrigés p. 4

TOTAL .... / 18

8 Identifier la fonction attribut du sujet

Qu'est-ce qu'un attribut du sujet ?

- L'attribut du sujet est un mot ou un groupe de mots **relié au sujet par l'intermédiaire du verbe *être* ou équivalent** (*paraître, sembler, devenir, se trouver...*).

  *Petit poisson deviendra **grand**.*

- L'attribut fait apparaître une **qualité** (physique, morale) du sujet. On ne peut pas le supprimer.

1 Lis ces phrases extraites du *Capitaine Fracasse*, puis souligne les attributs du sujet.

1. Si son habit était fané, sa figure était fraîche, et, d'ailleurs, cette mise paraissait la plus éblouissante du monde au jeune baron de Sigognac. • **2.** Le Tranche-montagne, lui, était maigre, hâve, noir et sec comme un pendu d'été. Sa peau semblait un parchemin collé sur des os.

T. Gautier, *Le Capitaine Fracasse*, 1883.

SCORE ..../ 8

INFO
Un même sujet peut avoir plusieurs qualités, donc on peut trouver plusieurs attributs du sujet pour un même sujet.

Un attribut du sujet peut-il avoir plusieurs natures ?

- La **nature** de l'attribut du sujet peut être :
  - un adjectif qualificatif ; *Jean est **sympathique**.*
  - un nom ou un groupe nominal ; *Mon père est **un fameux collectionneur**.*
  - un pronom. *Gentille, elle **l'**est.*
- **Attention !** Il ne faut pas confondre l'attribut de sujet et le COD : il n'y a pas de relation d'identité entre le COD et le sujet.

  *Jeanne est devenue **médecin**.* (médecin est un attribut du sujet. *Jeanne* et *médecin* sont la même personne.)

  Jeanne a vu un médecin. (un médecin est un COD. *Jeanne* et *un médecin* sont deux personnes différentes.)

2 Dans chaque phrase, relie l'attribut du sujet à sa nature.

Mon objectif est de gagner. •	• adjectif
Le judo et la lutte sont des sports de combat. •	• nom ou GN
Ce chien devient de plus en plus agressif. •	• pronom
L'escargot est hermaphrodite. •	• infinitif
La chenille est devenue un papillon. •	

SCORE ..../ 5

COUP DE POUCE
Une des natures ne correspond à aucun attribut du sujet !

3 Entoure la fonction des mots en couleur : attribut du sujet (Att) ou COD.

1. Avec cette nouvelle coiffure, elle se trouve plus séduisante. (Att – COD) • **2.** Le résultat de cette opération semble faux. (Att – COD) • **3.** Chaque automne, mon grand-père trouve de magnifiques champignons. (Att – COD) • **4.** Ils sont tombés amoureux au premier regard. (Att – COD)

SCORE ..../ 4

COUP DE POUCE
Essaye de remplacer le verbe par *être*.

Corrigés p. 5

TOTAL ..../ 17

GRAMMAIRE

9 Identifier la fonction COD

Qu'est-ce qu'un COD ? Comment le trouve-t-on ?

- Un **complément d'objet direct (COD)** est un complément essentiel qui fait partie du groupe verbal ; il ne peut pas être supprimé.
  *L'informatique intéresse **Élodie**.* → Le COD Élodie ne peut pas être supprimé.
- Pour reconnaître un COD, tu peux poser la question ***qui ?*** ou ***quoi ?*** après le verbe.
  Il écrit une lettre. → *Il écrit **quoi ?*** **Une lettre**. (= COD)
- Le COD complète le verbe directement, c'est-à-dire **sans** l'intermédiaire d'une **préposition** (*à*, *de*, *par*…).
- Le COD est le plus souvent un nom ou un GN ; mais il peut être aussi un pronom, un infinitif ou une proposition subordonnée.
  *J'ai appris **qu'elle voulait devenir chanteuse*** (proposition subordonnée).

★ 1 **a. Dans ce texte, souligne en rouge les groupes nominaux COD de chacun des verbes en couleur.**

> Alors vous imaginez ma surprise, au lever du jour, quand une drôle de petite voix m'a réveillé. Elle disait :
> – S'il vous plaît… dessine-moi un mouton ! […] J'ai bien frotté mes yeux. J'ai bien regardé. Et j'ai vu un petit bonhomme tout à fait extraordinaire qui me considérait gravement.

A. de Saint-Exupéry, *Le Petit Prince* © Gallimard, 1945.

b. Souligne en bleu les pronoms COD.

SCORE .... / 7

ATTENTION Un COD est parfois placé devant le verbe : c'est le cas deux fois dans ce texte.

COUP DE POUCE Les pronoms COD représentent le narrateur.

★★ 2 **Complète chaque phrase avec le COD qui convient :** l'imprimerie – la pomme de terre – sa monture – le corbeau – la charrue.

1. Le renard trompe .... • **2.** Gutenberg a inventé .... • **3.** Il ne faut pas mettre .... avant les bœufs. • **4.** Parmentier introduisit en France .... • **5.** Qui veut voyager loin ménage ....

SCORE .... / 5

INFO Il y a deux proverbes parmi ces phrases.

★★ 3 **Souligne les COD des verbes en couleur, puis indique leur classe grammaticale :** GN, pronom ou proposition.

> Le notaire expliqua que l'immeuble était classé monument historique (.................). Des vieux sages de la Renaissance l'avaient habité (.................), il ne se rappelait plus qui (.................). […] Lorsque le notaire eut enfin trouvé la porte (.................), l'eut ouverte (.................) et eut appuyé, cette fois avec succès, sur l'interrupteur électrique, il vit que son client avait une mine décomposée (.................).

D'après B. Weber, *Les Fourmis* © Albin Michel, 1991. Avec l'aimable autorisation des Éditions Albin Michel.

SCORE .... / 6

COUP DE POUCE Deux COD sont des propositions.

Corrigés p. 5

TOTAL .... / 18

GRAMMAIRE

10 Identifier les fonctions COI et COS

Qu'est-ce qu'un COI ? Comment le trouve-t-on ?

- Un **complément d'objet indirect (COI)** est un complément essentiel introduit par une **préposition** : le plus souvent *à* ou *de*.
- Pour reconnaître un COI, tu peux poser les questions ***à qui ?, à quoi ?, de qui ?, de quoi ?***... après le verbe.
  Il écrit à ses parents. → *Il écrit* ***à qui ?*** À ses parents. (= COI)
- Le COI est le plus souvent un nom ou un groupe nominal ; il peut être aussi un pronom, un infinitif ou une proposition subordonnée.
  Mon frère commence ***à jouer****.*

1 Indique pour chaque verbe avec quelle préposition il se construit.

1. obéir .... • **2.** appartenir .... • **3.** accéder.............. • **4.** se nourrir .... • **5.** s'apercevoir .... • **6.** se décider ....

SCORE .... / 6

2 Souligne les COI.

1. Les hiboux se nourrissent de rongeurs. • **2.** La grenouille appartient à la classe des batraciens. • **3.** C'est décidé : je m'arrête de fumer. • **4.** Ce chien n'obéit plus à son maître. • **5.** Il ne se doute pas que je l'ai vu, je vais lui faire une surprise.

SCORE .... / 6

Quelle est la différence entre un COI et un COS ?

- Un **complément d'objet second (COS)** est un COI qui suit un autre complément d'objet, direct ou indirect. C'est pourquoi on le nomme second.
  Il ouvre ***la porte*** (COD) ***à sa mère*** (COS).

3 Relie chaque début de phrase à son COS.

Il parle de ses notes •	• pour mes invités.
L'élève demande des explications •	• à ses élèves.
Il enseigne la danse •	• à son maître.
Je prépare un repas •	• à ses parents.
Il achète une moto •	• à mon fils.

SCORE .... / 5

4 Souligne les COD et encadre les COI ou COS.

On projette un vieux film à la cinémathèque ce soir. Je vais inviter mon frère. Il aime beaucoup le cinéma et possède une importante vidéothèque. Je lui emprunte souvent des DVD mais je les lui rends toujours rapidement.

SCORE .... / 8

COUP DE POUCE
Par quatre fois, c'est la préposition *à* qui convient.

ATTENTION
L'une des phrases contient deux COI.

COUP DE POUCE
Dans le début des phrases, il y a un premier CO.

COUP DE POUCE
Tu dois trouver six COD et deux COI ou COS.

Corrigés p . 6

TOTAL .... / 25

GRAMMAIRE

11 Identifier la fonction CC

Qu'est-ce qu'un CC ?

- Les compléments circonstanciels (CC) sont des **compléments facultatifs** : on peut les déplacer, les supprimer, sans que la phrase devienne incorrecte.

  Nous sommes partis ***après le déjeuner****.* → ***Après le déjeuner****, nous sommes partis.*
  → *Nous sommes partis.*

- Ils indiquent les **circonstances de l'action** : lieu, temps, manière, moyen...

1 ★ **Indique si les groupes de mots en couleur sont des compléments d'objet** (CO) **ou des compléments circonstanciels** (CC).

La barque dévalait à grand bruit (..............), fendait l'écume (..............), montait sur la vague (..............), se balançait quelques instants (..............), ouvrait ses ailes brunes (..............) et disparaissait dans la nuit (..............).

SCORE .... / 6

COUP DE POUCE
Tu dois trouver deux compléments d'objet et quatre compléments circonstanciels.

Quelles questions permettent d'identifier un CC ?

- Pour reconnaître un CC, pose la question qui correspond à la circonstance.

  Le hibou chasse la nuit.
  → *Le hibou chasse quand ?* ***La nuit.*** (= CC de temps)
  Il manie les cartes avec adresse.
  → *Il manie les cartes comment ?* **Avec adresse** (= CC de manière)
  Nous construisons notre cabane avec des planches.
  → *Nous construisons notre cabane au moyen de quoi ?* **Avec des planches.** (= CC de moyen)

2 ★ **Souligne les compléments circonstanciels, puis complète.**

1. Il joue au loto toutes les semaines. → question : ....
CC de ....
2. Il entre sans faire de bruit. → question : ....
CC de ....
3. Il ouvre avec sa clé. → question : ....
CC de ....

SCORE .... / 6

COUP DE POUCE
Il y a un complément circonstanciel de manière.

3 ★★ **Complète les phrases à l'aide des compléments circonstanciels de la liste et indique s'il s'agit d'un CC de moyen** (Mo) **ou de manière** (Ma) **:** avec grand plaisir – avec ta fourchette – difficilement – avec son argent de poche – du bon côté**.**

1. Tiens-toi bien ! Mange .... (........)
2. Avec toute cette pollution, on respire .... (........)
3. Il faut prendre la vie .... (........)
4. Paul s'est acheté un livre .... (........)
5. Je te recevrai .... (........)

SCORE .... / 10

ATTENTION
Le complément circonstanciel de moyen suppose l'utilisation d'un objet pour réaliser l'action.

Corrigés p. 6

TOTAL .... / 22

GRAMMAIRE

12 Distinguer une phrase verbale d'une phrase non verbale

Qu'est-ce qu'une phrase verbale ?

- Une phrase verbale est une phrase qui **a pour noyau un verbe**.

  *Adèle **passe** ses vacances en Corse.*

  Une phrase verbale peut comporter plusieurs noyaux verbaux.

  *Adèle **passe** ses vacances en Corse, mais **préfère** Paris où elle **a** ses habitudes.*

1 Lis ce texte d'Henri Troyat, puis souligne les phrases non verbales.

– Partir ? Comment partir ?

Marcelin, debout devant lui, les mains dans les poches, souriait avec assurance :

– Partir, tout simplement. M'installer en ville. Travailler dans le commerce. Comme le fils Augadoux. Tu te souviens du fils Augadoux ?

– Oui, Marcelin.

– C'était un garçon pas plus intelligent, pas plus bête qu'un autre. Depuis trois ans, il a ouvert un magasin en face la gare. Il se débrouille. Il donne des leçons de ski. Il vend des articles de sport...

– Tu vendras des articles de sport ?

– Pourquoi pas ? Le fils Augadoux m'a proposé de m'associer avec lui. Ce serait agréable. Un travail facile. Des rentrées sûres. Seulement, je devrai verser ma part...

H. Troyat, *La Neige en deuil* © Flammarion, 1952.

SCORE .... / 16

COUP DE POUCE
Un texte est principalement composé de phrases verbales.

Qu'est-ce qu'une phrase non verbale ?

- Une **phrase non verbale** est une phrase dont le noyau n'est pas un verbe.
  Elle se construit autour d'un autre mot (un nom, un adjectif qualificatif, un adverbe).
- Lorsque le noyau est un nom, il s'agit d'une **phrase nominale**.

  Incroyables, ces vacances !

  Naissance d'un nouveau champion

2 Dans chacune de ces phrases non verbales, souligne le mot « noyau », et indique s'il s'agit d'un nom, d'un adjectif (adj.) ou d'un adverbe (adv.).

1. Alors, content de toi ? (...........) • **2.** Attention, un requin ! (...........) • **3.** Doucement, mes amis... (...........) • **4.** Quelle beauté ! (...........)

SCORE .... / 4

INFO
Le « noyau » de la phrase est le mot sur lequel porte le sens de la phrase.

3 Transforme ces phrases non verbales en phrases verbales.

1. Bibliothèque : ouverture sans interruption de 9 heures à 17 heures

→ ....

2. Merci à vous. → ....

SCORE .... / 2

Corrigés p. 6

TOTAL .... / 22

GRAMMAIRE

13 Reconnaître le type d'une phrase

Qu'est-ce qu'une phrase ?

- Une phrase est une **suite ordonnée** de mots qui a un sens.
  À l'écrit, elle commence par une **majuscule** et se termine par **un point** (point, point d'interrogation ou d'exclamation).
- Il existe quatre types de phrases :
  – la phrase **déclarative** énonce **un fait** et se termine par un point ;
  Elle a dansé toute la nuit.
  – la phrase **exclamative** exprime **un sentiment** et se termine par un point d'exclamation ;
  Comme elle danse bien !
  – la phrase **interrogative** pose **une question** et se termine par un point d'interrogation ;
  Danse-t-elle le rock ?
  – la phrase **impérative** (ou **injonctive**) exprime **un ordre** ou **un conseil** et se termine par un point ou un point d'exclamation.
  Eh bien dansez maintenant !

1 **Indique le type des phrases : déclaratif** (D), **interrogatif** (IN), **exclamatif** (E) **ou impératif** (IM).

– Percez la coque de tous les navires crétois ! ordonna Thésée. (........)

– Pourquoi ? s'interposa Ariane, étonnée. (........)

– Tu t'imagines que ton père ne va pas réagir ? (........)

– C'est vrai, admit-elle. (........) Et je vous demande quelle punition il va infliger à Dédale, puisque son Labyrinthe n'a pas protégé le Minotaure comme mon père l'espérait ! (........)

D'après Ch. Grenier, *Contes et légendes des héros de la mythologie* © Nathan, 1998.

SCORE .... / 5

COUP DE POUCE
La ponctuation peut t'informer sur le type de la phrase.

2 **Indique, pour chaque phrase exclamative, le sentiment exprimé :**
surprise – joie – frayeur – colère.

1. Je n'arrive pas à croire que tu sois venu ! (......................) • **2.** Il a menacé de tout révéler ! (......................) • **3.** J'ai gagné un voyage en Italie ! (......................) • **4.** Je ne peux plus supporter tes retards ! (......................)

SCORE .... / 4

INFO
Les phrases exclamatives peuvent exprimer des sentiments multiples que tu dois rendre à l'oral en donnant l'intonation qui convient.

3 **Indique, en cochant la case qui convient, ce qu'exprime chaque phrase impérative.**

	Ordre	Conseil	Interdiction
1. Ne pas fumer.			
2. Mangez plus doucement.			
3. Interdiction de stationner.			
4. Il faut s'arrêter au STOP.			

SCORE .... / 4

COUP DE POUCE
Il y a deux interdictions.

Corrigés p. 7

TOTAL .... / 13

14 Utiliser des phrases interrogatives

Qu'appelle-t-on « interrogation totale » ?

- C'est une phrase interrogative à laquelle **tu peux répondre par oui ou par non**. L'interrogation totale porte sur l'ensemble de la phrase.
  As-tu fait tes devoirs ? Non.
  Pars-tu en vacances ? Oui.
- Selon le registre de langue, l'interrogation totale peut se construire de **trois façons** :
  – sans modifier la structure de la phrase affirmative ; *Il part en vacances ?* (familier)
  – avec « est-ce que » ; *Est-ce que tu vas au cinéma ?* (courant)
  – avec un pronom sujet inversé. *Joues-tu au scrabble ?* (soutenu)

★ 1 Les deux phrases suivantes sont des réponses à des interrogations totales. Pose, en utilisant les trois formes possibles, les questions correspondantes.

1. J'ai apporté tout le matériel nécessaire. → ....
→ ....
→ ....

2. Mathilde est fille unique. → ....
→ ....
→ ....

SCORE .... / 6

COUP DE POUCE
Les trois formes correspondent aux trois registres de langue : familier, courant, soutenu.

Quelle est la différence entre une interrogation totale et une interrogation partielle ?

- L'**interrogation partielle** porte sur une partie de la phrase. Elle s'appuie sur un mot interrogatif (*qui*, *quand*, *où*, *comment*...). On ne peut y répondre par *oui* ou par *non*.
  Quand dînons-nous ? Dans une demi-heure.
  Que ferez-vous l'année prochaine ? De la batterie.

★ 2 Souligne en bleu les interrogations partielles et en rouge les interrogations totales.

1. Est-ce que tu as reçu ma dernière lettre ? • 2. Avez-vous toujours vos insomnies ? • 3. Comment préparer une quiche lorraine ? • 4. Allo ? Qui est à l'appareil ? • 5. Préfères-tu aller au cinéma ce soir ou demain ?

SCORE .... / 5

★ 3 Complète les questions suivantes avec les mots interrogatifs qui conviennent compte tenu des réponses proposées.

1. .... sport pratiques-tu ? L'escrime. • 2. .... sort le prochain film de Spielberg ? En septembre prochain. • 3. .... vas-tu à Paris ? En train. • 4. .... a écrit *Les Lettres de mon moulin* ? Alphonse Daudet. • 5. Voici deux chemises, ... préfères-tu ? La bleue.

SCORE .... / 5

ATTENTION
Plusieurs mots interrogatifs sont possibles, mais un seul correspond à la réponse proposée.

Corrigés p . 7

TOTAL .... / 16

GRAMMAIRE

15 Distinguer phrase affirmative et phrase négative

Qu'est-ce qu'une phrase affirmative ou une phrase négative ?

- Une phrase affirmative est une phrase qui affirme un fait ou l'existence de quelque chose. *Aujourd'hui, il fait froid.*
- Une phrase négative est une phrase qui nie un fait ou l'existence de quelque chose. Elle utilise les adverbes *ne… pas, ne… point, ne… jamais, ne… guère, ne… plus.*
  Je le connais. (phrase affirmative) → *Je **ne** le connais **pas**.* (phrase négative)
  Il mange. (phrase affirmative) → *Il **ne** mange **guère**.* (phrase négative)

★ 1 Relie chaque phrase à son type et à sa forme.

Ni lui, ni elle ne viendront demain. •	• déclarative – affirmative
N'est-il pas encore descendu ? •	• déclarative – négative
À quoi penses-tu ? •	• interrogative – affirmative
C'est possible. •	• interrogative – négative

SCORE .... / 4

INFO
Tous les types de phrases peuvent être utilisés aux formes affirmative et négative.

★★ 2 Réponds à chaque question par l'affirmative, puis par la négative.

Ex. : *Y a-t-il quelqu'un qui attend pour entrer dans la salle ?*
Oui, *il y a quelqu'un.* Non, *il n'y a personne.*

1. Veux-tu encore du gâteau ?

Oui, ... Non, ...

2. As-tu déjà gagné au loto ?

Oui, ... Non, ...

3. Ce groupe de rock se produit-il à Paris ?

Oui, ... Non, ...

SCORE .... / 6

INFO
Une négation complète comprend l'adverbe *ne* et un autre mot de sens négatif.

★★ 3 Construis des phrases négatives sans changer le sens de la phrase d'origine.

Ex. : *Cette vieille voiture* refuse *d'avancer.* → *Cette vieille voiture* ne veut pas *avancer.*

1. On ignore où se situe l'épicentre du séisme. → ....

2. L'ascension du pic du Midi est difficile. → ....

3. Certaines personnes détestent les araignées. → ....

4. Mangez tout ! → ....

5. Ton pantalon est très sale. → ....

SCORE .... / 5

ATTENTION
Il faut changer certains mots pour que la phrase garde le même sens.

Corrigés p. 8

TOTAL .... / 15

16 Reconnaître une phrase complexe

Qu'est-ce qu'une phrase simple ?

- Une phrase simple comporte **un seul verbe conjugué**, noyau d'une proposition. Elle n'est pas toujours courte.

  *Hier soir, Pierre et Nadia, fatigués mais heureux, **sont revenus** de leur excursion.*

1 Lis le texte, sépare chaque phrase par un trait et souligne les verbes conjugués.

Mon père, qui s'appelait Joseph, était alors un jeune homme brun, de taille médiocre, sans être petit. [...] Il rencontra un dimanche une petite couturière brune qui s'appelait Augustine, et il la trouva si jolie qu'il l'épousa aussitôt. Je n'ai jamais su comment ils s'étaient connus, car on ne parlait pas de ces choses-là à la maison. [...] Ils étaient mon père et ma mère, de toute éternité et pour toujours.

M. Pagnol, *La Gloire de mon père*, Éditions de Fallois, © Marcel Pagnol, 2004.

SCORE ..../ 10

COUP DE POUCE
Une phrase commence par une majuscule et se termine par un point.

Quelle différence y a-t-il entre une phrase simple et une phrase complexe ?

- Une phrase complexe comporte **plusieurs verbes conjugués**, donc plusieurs propositions. Celles-ci peuvent être reliées de trois façons différentes :

par juxtaposition	Les propositions sont reliées par un signe de ponctuation (virgule, deux points...).	*[Un vif plaisir l'envahit]* **:** *[il avait gagné].*
par coordination	Les propositions sont reliées par une conjonction de coordination (*mais*, *ou*, *et*, *donc*, *or*, *ni*, *car*).	*[Un vif plaisir l'envahit]* ***car*** *[il avait gagné].*
par subordination	Une proposition subordonnée introduite par un pronom relatif (*qui*, *que*, *dont*, *où*...) ou une conjonction de subordination (*parce que*, *lorsque*...) est reliée à une proposition principale.	*[Un vif plaisir l'envahit]* *[**parce qu**'il avait gagné].*

2 Transforme la phrase complexe en couleur dans le texte en quatre phrases simples.

....

....

....

SCORE ..../ 4

INFO
Chaque verbe conjugué de la phrase complexe devient le noyau d'une phrase simple.

3 Encadre les outils de liaison qui relient les propositions, puis indique si les propositions sont reliées par juxtaposition (J), coordination (C) ou subordination (S).

1. C'est bientôt le printemps et la nature renaît. (.....) – **2.** L'hiver prive parfois les oiseaux de nourriture, il faut penser à leur installer des mangeoires. (.....) – **3.** Les inondations et la sécheresse sont des phénomènes naturels qui sont redoutés par les agriculteurs. (.....)

SCORE ..../ 6

INFO
On peut remplacer les outils de liaison de la juxtaposition et de la coordination sans changer le sens.

Corrigés p. 8

TOTAL ..../ 20

GRAMMAIRE

17 Utiliser les signes de ponctuation

Qu'est-ce qu'une phrase simple ?

- Le **point**, en fin de phrase, marque une grande pause dans la lecture. Il sépare nettement deux idées. Il est suivi d'une majuscule. *Adèle a un frère. Il a dix ans.*
- Le **point d'interrogation** se place à la fin d'une question directe. Il est suivi d'une majuscule si la phrase est terminée. *Pourquoi sort-il ? Quand rentrera-t-il ?*
- Le **point d'exclamation** souligne l'expression d'un sentiment fort. Il est suivi d'une majuscule si la phrase est terminée. On en met toujours un après une interjection.
  Eh bien ! mon ami, ce sera pour demain.

★ 1 Écris le signe de ponctuation qui convient.

1. Thé ou café .... • **2.** Pitié ! ne m'abandonnez pas .... • **3.** Tu es un passionné de BD .... • **4.** Comme c'est dommage que vous ne puissiez pas venir demain .... • **5.** Quelle heure est-il .... • **6.** Rire est le meilleur des remèdes ....

SCORE ..../ 6

COUP DE POUCE
Tu peux prononcer ces phrases à voix haute pour t'aider.

Quels signes de ponctuation peut-on trouver à l'intérieur d'une phrase ?

- La **virgule** marque une pause dans la lecture. Elle peut servir à séparer les termes d'une énumération, ou à mettre en relief un groupe de mots.
  L'hirondelle, messagère du printemps, est de retour.
- Le **deux-points** sert à introduire une explication, une citation. Il est suivi d'une minuscule, sauf s'il introduit une citation. *Il a tout rangé : ses livres, ses disques.*

★★ 2 Place les cinq virgules et les deux points qui manquent dans ce texte.

Nous aimions tous les champs le bois les beaux jours car alors tout sourit aux regards et tout convie à sortir Moi j'aime aussi l'hiver quand la bise hurle

A. Karr, *Voyage autour de mon jardin*, 1845.

SCORE ..../ 7

INFO
Sans la ponctuation, il est difficile de comprendre le sens de ce qu'on lit.

★★ 3 Rétablis la ponctuation de la fable.

Maître Corbeau .... sur un arbre perché ....
Tenait en son bec un fromage ....
Maître Renard .... par l'odeur alléché ....
Lui tint à peu près ce langage ....
« Hé .... bonjour .... monsieur du Corbeau ....
Que vous êtes joli .... que vous me semblez beau ....
Sans mentir, si votre ramage
Se rapporte à votre plumage ....
Vous êtes le phénix des hôtes de ces bois .... »

J. de La Fontaine, « Le Corbeau et le Renard », in *Fables*, 1668-1694.

SCORE ..../ 13

ATTENTION
Ce texte est en vers ; l'usage est de mettre une majuscule en début de vers, même si ce n'est pas le début d'une phrase.

Corrigés p. 8

TOTAL ..../ 26

CONJUGAISON

18 Avoir et être à l'indicatif

Comment conjugue-t-on *être* et *avoir* aux temps simples de l'indicatif ?

Présent	
avoir	**être**
j'ai tu as il a nous avons vous avez ils ont	je suis tu es il est nous sommes vous êtes ils sont

Imparfait	
avoir	**être**
j'avais tu avais il avait nous avions vous aviez ils avaient	j'étais tu étais il était nous étions vous étiez ils étaient

Passé simple	
avoir	**être**
j'eus tu eus il eut nous eûmes vous eûtes ils eurent	je fus tu fus il fut nous fûmes vous fûtes ils furent

Futur simple	
avoir	**être**
j'aurai tu auras il aura nous aurons vous aurez ils auront	je serai tu seras il sera nous serons vous serez ils seront

★ 1 Complète avec les formes conjuguées suivantes des verbes *être* et *avoir* :
est – seront – suis – était – fut – sont – es – ai.

1. Je pense qu'ils .... contents du cadeau que je vais leur faire. • **2.** J' .... trois enfants, le premier .... un garçon, les autres .... des filles. • **3.** .... -tu seule à la maison ? – Non, je .... avec mon amie Jeanne, celle qui .... avec moi au lycée l'année dernière. • **4.** Pépin le Bref .... le premier roi carolingien.

SCORE .... / 8

ATTENTION
Cherche le sujet du verbe pour connaître sa forme.

Comment conjugue-t-on *être* et *avoir* aux temps composés de l'indicatif ?

▸ Pour conjuguer *avoir* et *être* à un **temps composé**, mets l'auxiliaire *avoir* au temps simple qui convient et ajoute le participe passé (p.p.) ***eu***, pour le verbe *avoir*, ou le participe passé ***été***, pour le verbe *être*.

- **Passé composé :** auxiliaire au présent + p.p. → *j'ai eu, j'ai été*
- **Plus-que-parfait :** auxiliaire à l'imparfait + p.p. → *j'avais eu, j'avais été*
- **Passé antérieur :** auxiliaire au passé simple + p.p. → *j'eus eu, j'eus été*
- **Futur antérieur :** auxiliaire au futur simple + p.p. → *j'aurai eu, j'aurai été*

★★ 2 Conjugue *être* ou *avoir* au temps indiqué entre parenthèses.

1. Lucie (*avoir, passé composé*) .... trente ans hier. • **2.** Autrefois, nous (*être, imparfait*) .... de bons amis. • **3.** Si vous (*être, plus-que-parfait*) .... à l'heure, vous n'auriez pas raté votre train. • **4.** Il (*être, imparfait*) .... fils unique, puis il (*avoir, passé simple*) .... une petite sœur.

SCORE .... / 5

COUP DE POUCE
N'oublie pas qu'un verbe à un temps composé comporte deux mots.

Corrigés p. 9

TOTAL .... / 13

CONJUGAISON

19 Le présent de l'indicatif : verbes des 1er et 2e groupes

Comment différencier les verbes du 1er de ceux du 2e groupe ?

- Le **1er groupe** rassemble tous les verbes qui se terminent par ***-er*** à l'infinitif (sauf *aller*). Le **2e groupe** rassemble les verbes qui se terminent par ***-ir*** à l'infinitif et dont le participe présent se termine par ***-issant***.
- Les **terminaisons** du présent de l'indicatif varient selon les groupes.
  1er groupe : *-e, -es, -e, -ons, -ez, -ent*.
  2e groupe : *-is, -is, -it, -issons, -issez, -issent*.

★ 1 Dans cette liste de verbes en *-ir*, barre ceux qui ne sont pas du 2e groupe.

servir – découvrir – trahir – devenir – finir – mincir – sentir – vomir – choisir – mentir.

SCORE .... / 5

COUP DE POUCE
Mets les verbes au participe présent.

★★ 2 Lis ce texte, puis réponds aux questions.

> Martin a un secret : il cache un jeune faucon qu'il réussit à apprivoiser. C'est une aventure dangereuse car, en ce temps-là, un petit paysan risque la prison s'il garde pour lui l'oiseau réservé aux chasses du seigneur. Mais Martin s'en moque, il refuse de se soumettre et rien ne l'arrêtera.
>
> J.-C. Noguès, *Le Faucon déniché*, coll. « Pleine Lune » © Nathan, 2003.

COUP DE POUCE
Il y a six verbes du premier groupe.

1. Relève les verbes conjugués du 1er groupe, et indique leur infinitif. ....

....

2. Parmi ces verbes, lequel n'est pas conjugué au présent ? ....

3. Quel verbe de ce texte est du 2e groupe ? ....

SCORE .... / 8

Certains verbes du 1er groupe changent-ils de radical ?

- Les verbes en ***-eler***, ***-eter*** prennent un double ***l*** ou un double ***t*** lorsque le ***e*** se prononce [ɛ] : *je jette, vous jetez* ; *tu appelles, nous appelons*.
  Mais il y a des exceptions : *acheter (tu achètes)* ; *geler (je gèle)*...
- Les verbes en ***-oyer*** ou ***-uyer*** changent le ***y*** en ***i*** devant un ***e*** muet :
  je ploie, nous ployons ; *tu essuies, nous essuyons*
  Les verbes en ***-ayer***, eux, gardent le ***y*** ou le changent en ***i*** devant un ***e*** muet :
  je paie ou *je paye*

★★ 3 Conjugue les verbes suivants au présent et à la personne demandée.

1. appeler (il) : ....
2. balayer (nous) : ....
3. remplir (tu) : ....
4. jeter (vous) : ....
5. trier (tu) : ....
6. employer (il) : ....

SCORE .... / 6

Corrigés p. 9

TOTAL .... / 19

20 Le présent de l'indicatif : verbes du 3e groupe

Comment reconnait-on un verbe du 3e groupe ?

- Le 3e groupe rassemble tous les verbes qui n'appartiennent ni au 1er ni au 2e groupe ; ils ont ceci de particulier que **leur radical peut changer** selon la conjugaison.
  savoir : il sait, tu sauras, je sus

1 **Classe les verbes suivants dans le tableau :**
confire – aller – confier – connaître – tirer – se blottir – conduire – vêtir – tanguer.

1er groupe	2e groupe	3e groupe
....	....	....
....	....	....
....	....	....

SCORE ..../ 9

COUP DE POUCE
Il y a trois verbes du 1er groupe, un du 2e groupe et cinq du 3e groupe.

Comment conjugue-t-on au présent les verbes du 3e groupe ?

- Les **terminaisons** du présent de l'indicatif des verbes du 3e groupe sont : *-s*, *-s*, *-t* (ou *-d*), *-ons*, *-ez*, *-ent*.
  *je conclu**s**, tu conclu**s**, il conclu**t**, nous conclu**ons**, vous conclu**ez**, ils conclu**ent***
  *je prend**s**, tu prend**s**, il pren**d**, nous pren**ons**, vous pren**ez**, ils prenn**ent***
- Aux personnes du singulier, les terminaisons de ***pouvoir***, ***valoir***, et ***vouloir*** sont : *-x*, *-x*, *-t*.
  *je peu**x**, tu peu**x**, il peu**t***
- Le verbe ***aller*** est particulièrement irrégulier.
  je vais, tu vas, il va, nous allons, vous allez, ils vont

2 **Indique l'infinitif des verbes conjugués suivants.**

1. il croît : craitre
2. nous battons : battre
3. ils vont : aller
4. elles surprennent : surprenner
5. tu redis : redire
6. il croit : craire

SCORE ..../ 6

ATTENTION
Ne confonds pas *croire* et *croître*.

3 **Mets les verbes entre parenthèses au présent.**

1. Aux jeux Olympiques, les athlètes (venir) .... de tous les pays.
2. Les coureurs (devoir) .... se placer sur les starting-blocks avant le départ.
3. Il ne (savoir) .... pas s'il a gagné, il (attendre) .... le résultat final.
4. Nous (prendre) .... en photo le podium des vainqueurs.
5. Pour lutter contre le dopage, ils (faire) .... des contrôles fréquents.

SCORE ..../ 5

ATTENTION
Devoir et *savoir* ne sont pas de la famille de *voir* et ne se conjuguent pas de la même façon.

Corrigés p. 9

TOTAL ..../ 20

CONJUGAISON

21 Le futur simple

Comment conjuguer un verbe au futur simple ?

- Au futur, tous les verbes prennent les mêmes **terminaisons**, toujours précédées de la lettre *r* : *-ai, -as, -a, -ons, -ez, -ont.*
- Les verbes des 1er et 2e groupes **conservent l'infinitif** en entier. Il ne faut pas oublier le *e* de l'infinitif en **-*er***, même si on ne le prononce pas : *je crierai (crier), tu joueras (jouer).*
- Certains verbes en **-*eter*** (*jeter*...) ou en **-*eler*** (*appeler*...) doublent le ***t*** ou le ***l*** : *je jetterai, j'appellerai.*
  D'autres, comme *mourir* et *voir*, doublent le *r* : *je mourrai, je verrai.*

1 Pour chaque verbe, coche la bonne orthographe.

1. s'apitoyer : nous nous ❏ apitoirons ❏ apitoierons ❏ apitoyerons.
2. secourir : il ❏ secouera ❏ secourira ❏ secourra.
3. voir : tu ❏ verras ❏ voiras ❏ voieras.
4. avouer : vous ❏ avourrez ❏ avouerez ❏ avourez.

SCORE ..../ 4

> **INFO**
> Devant un e muet, le y se transforme en i.

2 Réécris le texte en mettant les verbes en couleur au futur.

Au printemps, quand les neiges fondent dans les Alpes, d'autres eaux apparaissaient. Les digues craquaient sous leur poids et de nouveau les prairies à perte de vue ne formaient qu'un seul étang. Mais, en été, sous la chaleur torride, la rivière s'évaporait.

H. Bosco, *L'Enfant et la rivière* © Gallimard, 1945.

....
....
....
....

SCORE ..../ 5

> **ATTENTION**
> N'oublie pas de mettre un accent circonflexe sur le i du verbe *apparaître* lorsqu'il n'est pas suivi d'un s : *ils apparaissent ; ils apparaîtront.*

3 Mets les verbes entre parenthèses au futur.

1. Nous (courir) .... plus vite au championnat. • **2.** J'espère qu'à l'avenir, les usines ne (rejeter) .... plus leurs déchets dans les rivières. • **3.** Au petit matin, le jardinier (cueillir) .... les fleurs encore fraîches de rosée. • **4.** (Rire) .... bien qui (rire) .... le dernier.

SCORE ..../ 5

> **COUP DE POUCE**
> Dans deux cas, tu vas devoir doubler la consonne.

4 Conjugue les verbes au futur, à la 2e personne du singulier.

1. construire : .... **4.** secouer : ....
2. essuyer : .... **5.** publier : ....
3. peler : .... **6.** racheter : ....

SCORE ..../ 6

> **COUP DE POUCE**
> Le verbe *peler* n'est pas un dérivé d'*appeler*.

Corrigés p . 10

TOTAL ..../ 20

CONJUGAISON

22 L'imparfait

asseyait

Comment conjugue-t-on les verbes à l'imparfait ?

- Les **terminaisons** de l'imparfait de l'indicatif sont les mêmes pour tous les groupes : *-ais, -ais, -ait, -ions, -iez, -aient*.
- Attention à ne pas oublier le *i* des terminaisons ***-ions*** et ***-iez*** pour les verbes :
  - en ***-yer*** : *nous payions, vous payiez*
  - en ***-ier*** : *nous riions, vous riiez*
  - en ***-illir*** : *nous cueillions, vous cueilliez*
  - en ***-gner*** : *nous soignions, vous soigniez*

★ 1 Conjugue les verbes entre parenthèses à l'imparfait afin de retrouver le texte original.

C'(être) ..était.. midi. Les voyageurs (monter) ..montaient.. dans l'autobus. On (être) ..était.. serré. Un jeune monsieur (porter) ..partaits.. sur sa tête un chapeau qui (être) ..était.. entouré d'une tresse et non d'un ruban. Il (avoir) ..avait.. un long cou. Il (se plaindre) ..se plaingit.. auprès de son voisin des heurts que ce dernier lui (infliger) ..infligeait.. Dès qu'il (apercevoir) ..apercevait.. une place libre, il (se précipiter) ..se précipitait.. vers elle et (s'asseoir) ..s'assaillait.. . Je l'(apercevoir) ..apercevais.. plus tard, devant la gare Saint-Lazare.

R. Queneau, « Imparfait », in *Exercices de style* © Gallimard, 1947.

SCORE .... / 12

COUP DE POUCE Pour la conjugaison de *être* et *avoir*, revoir l'unité 18., p. 23.

★★ 2 Conjugue les verbes suivants à la personne demandée, au présent puis à l'imparfait.

1. copier (vous) : ..copiez.., ..copiiez..
2. griller (nous) : ..grillons.., ..grillions..
3. soigner (vous) : ..soignez.., ..soigniez..
4. envoyer (vous) : ..envoyez.., ..envoyiez..

SCORE .... / 8

ATTENTION Pense au i des terminaisons *-ions* et *-iez*.

★★ 3 Mets les verbes entre parenthèses à l'imparfait.

1. Tu m'(agacer) ..agaçais.. tout le temps. • 2. Je (déménager) ..déménageais.. souvent. • 3. Il (distinguer) ..distinguait.. mal les couleurs.

SCORE .... / 3

ATTENTION Pense à la cédille pour les verbes en *-cer*, et au *e* pour les verbes en *-ger*.

★★ 4 Mets le verbe au présent ou à l'imparfait selon le sens de la phrase.

1. Molière (être) ..était.. mort depuis plus de trois siècles. • 2. Il (écrire) ..écrit.. des comédies pour le roi Louis XIV. • 3. Tout le monde ne les (apprécier) ..appréciait.. pas. • 4. Depuis longtemps, ses œuvres (être) ..étaient.. au programme du collège.

SCORE .... / 4

COUP DE POUCE Lorsqu'on évoque des faits qui ont commencé dans le passé mais qui durent encore, on utilise le présent.

Corrigés p . 10

TOTAL .... / 27

23 Le passé simple

Comment conjuguer les verbes des 1er et 2e groupes au passé simple ?

- **1er groupe** : *-ai, -as, -a, -âmes, -âtes, -èrent.*
  *je jet**ai**, tu jet**as**, il jet**a**, nous jet**âmes**, vous jet**âtes**, ils jet**èrent***
- **2e groupe** : *-is, -is, -it, -îmes, -îtes, -irent.*
  *je rempl**is**, tu rempl**is**, il rempl**it**, nous rempl**îmes**, vous rempl**îtes**, ils rempl**irent***

1 **Forme des verbes en *-ir* à partir des adjectifs suivants, puis conjugue-les au passé simple et à la personne demandée.**

COUP DE POUCE Tu dois trouver des verbes du 2e groupe.

1. riche : .... 1re pers. du singulier : ....
2. vieux : .... 3e pers. du singulier : ....
3. doux : .... 3e pers. du pluriel : ....

SCORE ..../ 6

Le 3e groupe se conjugue-t-il différemment ?

- Oui, selon les terminaisons de l'infinitif, il existe plusieurs formes : *-is, -is, -it, -îmes, -îtes, -irent* ou *-us, -us, -ut, -ûmes, -ûtes, -urent* ou *-ins, -ins, -int, -înmes, -întes, -inrent.*
  *fuir : je fu**is**, tu fu**is**, il fu**it**, nous fu**îmes**, vous fu**îtes**, ils fu**irent***
  *savoir : je s**us**, tu s**us**, il s**ut**, nous s**ûmes**, vous s**ûtes**, ils s**urent***
  *tenir : je t**ins**, tu t**ins**, il t**int**, nous t**înmes**, vous t**întes**, ils t**inrent***

2 **Barre les verbes qui ne sont pas conjugués au passé simple.**

COUP DE POUCE Les verbes qui ne sont pas au passé simple sont au présent.

mentirent – viens – dit – voulus – lis – vendirent – disent – lus – dirent

SCORE ..../ 3

3 **Conjugue les verbes au passé simple et aux personnes demandées.**

INFO Note la particularité de *joindre* (n => gn), que l'on retrouve pour tous les verbes en *-indre*.

	2e pers. du singulier	3e pers. du singulier	3e pers. du pluriel
boire	....	il but	....
changer	....	....	ils changèrent
joindre	tu joignis	....	....
devenir	tu devins	....	....

SCORE ..../ 8

4 **Conjugue les verbes entre parenthèses au temps demandé.**

INFO Le passé simple et l'imparfait sont des temps du passé utilisés dans les récits.

Nous *(marcher, imparfait)* .... dans le parc, quand un énorme chien *(surgir, passé simple)* .... Il *(avoir, imparfait)* .... l'air méchant. Finalement il *(s'éloigner, passé simple)* ...., notre cœur *(battre, imparfait)* .... à tout rompre.

SCORE ..../ 5

Corrigés p . 10

TOTAL ..../ 22

24 Le passé composé et le plus-que-parfait

Comment forme-t-on les temps composés ?

- Les temps composés sont formés de l'auxiliaire *avoir* ou *être* et du participe passé du verbe conjugué.
- Le **passé composé** est formé de l'auxiliaire *avoir* ou *être* au présent de l'indicatif et du participe passé du verbe conjugué : *j'**ai** joué* ; *il **est** tombé*.
- Le **plus-que-parfait** est formé de l'auxiliaire *avoir* ou *être* à l'imparfait et du participe passé du verbe conjugué : *j'**avais** joué* ; *il **était** tombé*.
- **Attention !** Certains verbes du 3e groupe se terminent par une **lettre muette** au participe passé ; pour la retrouver, pense au féminin : *j'ai mi**s*** (*mi**s**e au féminin*).

1 Souligne le ou les verbes conjugué(s) à un temps composé.

J'ai lu sur Internet que 35 % des Français ne lisaient jamais aucun livre : je n'y ai pas cru.

SCORE .... / 2

COUP DE POUCE
Il y en a deux !

2 Conjugue ces verbes au passé composé et à la 3e personne du singulier.

1. rigoler : il ....
2. permettre : il ....
3. offrir : il ....
4. boire : il ....
5. rejoindre : il ....
6. mourir : il ....
7. rentrer : il ....
8. apprendre : il ....
9. savoir : il ....
10. peindre : il ....

SCORE .... / 10

COUP DE POUCE
N'oublie pas les lettres muettes.

3 Réécris ces deux phrases en mettant tous les verbes au plus-que-parfait.

> M. des Lourdines se baissa et ramassa un cèpe magnifique. Il retourna le champignon, l'examina, le sentit, chassa la terre qui y adhérait et le glissa dans un sac.

A. de Chateaubriant, *Monsieur des Lourdines* © Éditions Grasset & Fasquelle, 1911.

....

....

....

SCORE .... / 8

COUP DE POUCE
Un verbe se conjugue avec l'auxiliaire *être*.

4 Conjugue les verbes entre parenthèses au temps demandé.

1. Les étudiants (*réussir*, passé composé) .... leurs examens.
2. J'(*serrer*, plus-que-parfait) .... cet écrou au maximum.
3. Le maître (*féliciter*, passé composé) .... ses élèves.
4. Il (*partir*, passé composé) .... très tôt ce matin.
5. Les randonneurs (*faire*, plus-que-parfait) .... une pause dans un refuge.

SCORE .... / 5

INFO
La plupart des verbes forment leur temps composé avec l'auxiliaire *avoir*.

Corrigés p. 11

TOTAL .... / 25

25 Le présent de l'impératif

À quoi l'impératif sert-il ?

- On utilise l'impératif pour exprimer un **ordre**, un **conseil** ou une **interdiction**. *Tais-toi !*

★ 1 Réécris les phrases à la 2e personne du pluriel, puis indique par une initiale ce qu'elles expriment : ordre (O), conseil (C) ou interdiction (I).

1. Ouvre ton livre. → .... → .....
2. Ne cours pas dans les escaliers ! → .... → .....
3. Tiens-toi bien, on nous surveille. → .... → .....

SCORE ..../ 6

COUP DE POUCE
En général, le point d'exclamation renforce l'ordre ou l'interdiction.

Comment conjugue-t-on le présent de l'impératif ?

Il n'y a que **trois personnes** : 2e personne du singulier, 1re personne et 2e personne du pluriel. Le sujet n'est jamais exprimé.

- Les terminaisons du présent de l'impératif varient selon les groupes.
  1er groupe : *-e, -ons, -ez* (*chant**e**, chant**ons**, chant**ez***).
  2e groupe : *-is, -issons, -issez* (*rempl**is**, rempl**issons**, rempl**issez***).
  3e groupe : *-s, -ons, -ez* (*descend**s**, descend**ons**, descend**ez***).
  Certains verbes sont irréguliers : *aller* (*va, allons, allez*), *savoir* (*sache, sachons, sachez*), ...
- Pour les verbes qui se terminent par une voyelle à la 2e personne du singulier, on doit ajouter un **s devant *en* et *y***, pour faciliter la prononciation. *Achète. Achètes-en.*

★★ 2 Mets les verbes de cette recette à l'impératif présent, à la 2e personne du pluriel.

Moelleux au chocolat

(Faire) .... fondre le chocolat avec le beurre. (Mélanger) .... le sucre et la farine. (Mélanger) .... bien avant de poursuivre. (Incorporer) .... les œufs. (Remuer) .... vigoureusement le tout. (Verser) .... dans un moule. (Faire) .... cuire 8 min au four préchauffé à 180 °C. (Servir) .... accompagné d'une boule de glace vanille.

SCORE ..../ 8

INFO
L'adverbe *bien* tempère l'ordre et le transforme en conseil.

★★ 3 Conjugue les verbes en italique à la 2e personne du singulier de l'impératif présent, et remplace chaque complément par un des pronoms suivants : y – en – le – la.

1. *Réfléchir* à cette question. • **2.** *Retourner* chez tes parents. • **3.** *Cueillir* des fleurs. • **4.** *Essuyer* la vaisselle. • **5.** *Attendre* ton frère.

1. Réfléchis-y. • **2.** .... • **3.** ....
• **4.** .... • **5.** ....

SCORE ..../ 4

ATTENTION
À l'impératif, on relie le verbe et le pronom par un trait d'union.

Corrigés p. 11

TOTAL ..../ 18

26 Le présent du conditionnel

Comment conjuguer les verbes au présent du conditionnel ?

- Au conditionnel présent, tous les verbes prennent les mêmes terminaisons, toujours précédées de la lettre *r* : ***-ais, -ais, -ait, -ions, -iez, -aient***.
  Comme au futur, les verbes des 1er et 2e groupes conservent l'infinitif en entier.
  *je **crier**ais* ; *nous **finir**ions*

ATTENTION
Les verbes du 3e groupe comme *pouvoir* et *devoir* ne conservent pas l'infinitif dans leur conjugaison.

1 Mets les verbes entre parenthèses au conditionnel présent.

1. J'(aimer) .... savoir jouer au tennis. • **2.** Vous (pouvoir) .... passer ce soir ? • **3.** Je (se plaire) .... certainement ici. • **4.** Tu (devoir) .... relire ce livre.

SCORE ..../ 4

COUP DE POUCE
Tu dois mettre sept verbes au conditionnel présent.

2 Réécris ce texte en mettant les verbes conjugués au conditionnel présent.

> Sonia ferme les volets et, comme à l'habitude, le couinement des charnières alerte le chat. Il saute d'un bond sur l'étagère [...], puis il essaie de se glisser entre les battants [...]. Sonia le saisit vivement par le train arrière. Il tourne la tête, miaule de colère en découvrant ses dents [...].
>
> D. Daeninckx, *Le Chat de Tigali*, coll. « Mini Syros » © Syros, 1990.

....

....

....

SCORE ..../ 7

Quand doit-on employer le conditionnel ?

- Le conditionnel s'emploie, comme mode, pour exprimer :
  – une action soumise à une condition ;
  *Si je gagnais au loto, j'**achèterais** une maison.*
  – une action simplement imaginée ;
  *Je **serais** le méchant ; tu **serais** la gentille !*
  – une demande polie ;
  ***Pourrais**-tu me donner un peu de pain ?*
  – un conseil ou un souhait ;
  *Tu **devrais** y aller à pied. **J'aimerais** y aller à pied.*
  – une affirmation indignée.
  *Toi, tu **ferais** cela !*

3 Mets les verbes suivants au futur ou au conditionnel selon le sens de la phrase.

1. Je (revenir) .... bientôt • **2.** Si je le pouvais, je (changer) .... de vie. • **3.** Si tu veux rester en forme, tu (devoir) .... faire du sport. • **4.** Merci de tes conseils, j'en (tenir) .... compte.

SCORE ..../ 4

Corrigés p . 11

TOTAL ..../ 15

ORTHOGRAPHE

27 Former le pluriel d'un nom

J'ARRIVE MON CHOU, JE FINIS DE METTRE MES BIJOUX.

Comment forme-t-on le pluriel d'un nom ?

- En général, on forme le pluriel d'un nom en ajoutant un *-s*.
- Il y a quelques exceptions à cette règle :

Les noms en	font leur pluriel en	Exemples	Exceptions
-au et -eu	-aux et -eux	*des noyaux – des feux*	*sarrau(s) – landau(s) – bleu(s) – pneu(s)...*
-al	-aux	*des chevaux – des animaux*	*bal(s) – carnaval(s) – chacal(s) – aval(s) – festival(s) – régal(s)...*
-ou	-ous	*des clous – des fous*	*bijou(x) – chou(x) – genou(x) – caillou(x) – hibou(x) – pou(x) – joujou(x)*
-ail	-ails	*des chandails – des portails*	*bail (baux) – corail (coraux) – émail (émaux) – soupirail (soupiraux) – travail (travaux) – vitrail (vitraux)...*
-s, -x et -z		*des silex*	

★ 1 Écris les noms suivants au pluriel.

1. un cadeau : des cadeaux
2. un festival : des festivaux
3. un chou : des choux
4. un local : des locaux
5. un landau : des landaux
6. un tuyau : des tuyaux

festivals

SCORE .... / 6

COUP DE POUCE Seuls deux noms prendront un « s ».

★ 2 Écris les noms suivants au singulier.

1. des progrès : un progrès
2. des jeux : un jeu
3. des veaux : un veau
4. des gaz : un gaz
5. des rivaux : un rival
6. des fous : un fou

SCORE .... / 6

COUP DE POUCE Deux noms s'écrivent de la même façon au singulier et au pluriel.

★★ 3 Barre l'intrus dans chaque liste.

1. croix – temps – nez – champ – corps.
2. éventail – corail – rail – portail – détail.

SCORE .... / 2

COUP DE POUCE Tu trouveras l'intrus en mettant les mots au pluriel.

★★ 4 Trouve le mot qui correspond à la définition, puis mets-le au pluriel.

1. Vitre aux verres colorés. → un vitrail, des vitraux
2. Insecte qui s'attache aux cheveux. → un pou, des poux
3. Contrat fixant la durée d'une location. → un bail, des bails

SCORE .... / 6

ATTENTION Les mots que tu dois trouver sont des exceptions.

Corrigés p. 12

TOTAL .... / 20

ORTHOGRAPHE

28 Former le pluriel d'un adjectif

Comment forme-t-on le pluriel d'un adjectif ?

- En général, on forme le pluriel d'un adjectif en ajoutant un *s*.
- Quelques exceptions :

Adjectifs en	Pluriel en	Exemples	Exceptions
-eau	-eaux	*beaux – nouveaux*	
-al	-aux	*loyaux – infernaux*	*banal(s) – bancal(s) – final(s) – glacial(s) – fatal(s) – naval(s)…*
-s et -z	ne changent pas		

1 Souligne les adjectifs au pluriel.

Grandes, élancées, sveltes, elles avançaient la tête haute sur le chemin poussiéreux.

SCORE .... / 3

COUP DE POUCE
Trois adjectifs sont au pluriel.

2 Écris les groupes nominaux au pluriel.

1. un conseiller municipal → des ....
2. un bisou baveux → des ....
3. un pneu lisse → des ....
4. un point final → des ....
5. un bel homme → de ....
6. un pou sauteur → des ....
7. un frère jumeau → des ....

SCORE .... / 7

COUP DE POUCE
Pour le pluriel des noms, tu peux t'aider de l'unité 27, p. 32.

3 Trouve un adjectif qualificatif synonyme du mot en couleur. Donne sa forme masculin/singulier, puis son pluriel.

1. Cet acteur est très connu. → c.................. → ....
2. Il est violent avec les autres. → b.................. → ....
3. Ce repas était vraiment succulent. → d.................. → ....
4. Ce manteau neuf est élégant. → n.................. → ....
5. L'hiver a été froid. → g.................. → ....

SCORE .... / 10

INFO
Deux mots sont synonymes lorsqu'ils ont à peu près le même sens.

4 Barre l'intrus dans chaque liste.

1. amical – natal – musical
2. glacial – fatal – hivernal
3. beau – ramolli – fondu
4. vert – marron – jaune

SCORE .... / 4

COUP DE POUCE
L'intrus a un pluriel différent des deux autres mots.

Corrigés p. 12

TOTAL .... / 24

29 Former le féminin d'un nom animé

Comment former le féminin d'un nom animé ?

- En général, on forme le féminin d'un nom animé (nom de personne ou d'animal) en ajoutant un ***e*** au nom masculin.
- Ajouter un ***e*** entraîne parfois le **doublement de la consonne** finale : *un colonel, une colonelle – un chien, une chienne – un paysan, une paysanne – un métis, une métisse*.
- Certains noms ont une **forme identique** au masculin et au féminin : *un élève, une élève...*
- Certains noms ont des **formes très différentes** au féminin et au masculin : *le cochon, la truie – le sanglier, la laie – le mari, la femme...*

★ 1 Écris le féminin des noms masculins suivants.

1. un concurrent : une concurrente
2. un époux : une épouse
3. un ami : une amie
4. un chat : une chatte

SCORE ..../ 4

COUP DE POUCE Parfois la marque du féminin ne s'entend pas à l'oral : n'oublie pas le e muet.

★★ 2 Relie le masculin à son féminin.

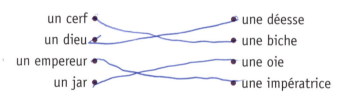

un cerf •	• une déesse
un dieu •	• une biche
un empereur •	• une oie
un jar •	• une impératrice

SCORE ..../ 4

COUP DE POUCE Si tu ne connais pas le féminin d'un nom, pense au dictionnaire.

Y a-t-il des exceptions ?

- Oui, voici quelques exemples :

Les noms en	font leur féminin en	Exemples
-er	-ère	*un infirmier, une infirmière*
-eur	-euse	*un danseur, une danseuse*
-teur	-teuse ou -trice	*un chanteur, une chanteuse* *un spectateur, une spectatrice*
-p et -f	-ve	*un loup, une louve un veuf, une veuve*

★★ 3 Barre l'intrus dans chaque liste.

1. ~~élève~~ – vétérinaire – ~~maître~~ – artiste – journaliste.
2. ~~éditeur~~ – vendeur – voleur – joueur – chanteur.
3. parisien – lion – chat – ~~lapin~~ – technicien.
4. boucher – meunier – écolier – ~~employé~~ – cuisinier

SCORE ..../ 4

COUP DE POUCE Pour trouver l'intrus, mets les mots au féminin.

Corrigés p . 12

TOTAL ..../ 12

ORTHOGRAPHE

30 Former le féminin d'un adjectif

Comment former le féminin d'un adjectif ?

- En général, on forme le féminin d'un adjectif en ajoutant un *e*.
- Ajouter un *e* entraîne parfois un **doublement de la consonne** finale : *bas, basse – pareil, pareille – universel, universelle – bon, bonne – ancien, ancienne...*
- Certains adjectifs ont exactement la **même forme** au masculin et au féminin : *brave, agréable...*

1 **Souligne les adjectifs qualificatifs féminins de ce texte.**

Il était une fois une demoiselle fort jolie, mais assez paresseuse et plutôt négligente. Lorsqu'elle filait, par exemple, elle était si impatiente que, pour un petit nœud dans sa filasse, elle en tirait une pleine poignée et la jetait à terre. La servante, par contre, était une fille active et courageuse.

J. et W. Grimm, « Les Petits Nœuds », in *Contes* (1812), trad. A. Guerne © Flammarion, 1962.

SCORE ..../ 7

COUP DE POUCE
Tu dois souligner sept adjectifs.

2 **Donne le masculin des adjectifs que tu as soulignés dans l'exercice 1.** ....

....

SCORE ..../ 7

COUP DE POUCE
Deux adjectifs ont la même terminaison.

Existe-t-il quelques exceptions ?

Oui, voici quelques règles et exceptions à retenir.

Les adjectifs en	font leur féminin en	Exemples	Exceptions
-et	-ette	*coquette*	*secrète – complète – discrète...*
-ot	-otte	*sotte*	*idiote – dévote...*
-eur	-euse	*rêveuse*	*vengeresse – novatrice...*
-er	-ère	*première*	
-f	-ve	*neuve*	
-x	-se	*ambitieuse*	*douce – fausse – rousse*

3 **Cherche un adjectif qualificatif de la même famille que le mot proposé. Écris-le au masculin, puis au féminin.**

1. la beauté → masculin : Beau → féminin : belle
2. vieillir → masculin : vieux → féminin : vieille
3. la cruauté → masculin : cruel → féminin : cruelle

SCORE ..../ 6

ATTENTION
Certains adjectifs ont des formes très différentes au masculin et au féminin.

4 **Accorde les adjectifs qualificatifs entre parenthèses.**

1. une voix (aigu) aigue • 2. une femme (public) publique • 3. une figue (sec) sèche • 4. une amande (amer) amerre

SCORE ..../ 4

ATTENTION
Un des adjectifs possède un tréma au singulier.

Corrigés p. 13

TOTAL ..../ 24

ORTHOGRAPHE

31 Accorder un adjectif

Quelles sont les règles de l'accord des adjectifs ?

- Quelle que soit sa fonction dans la phrase, l'adjectif qualificatif s'accorde **en genre et en nombre avec le nom** ou le pronom auquel il se rapporte.

  *Elle avait mis sa plus **jolie** robe ; **intriguées** qu'elle fût si bien **habillée** un jour de la semaine, ses amies l'observaient en silence.*
  (*Jolie* s'accorde avec *robe* ; *habillée* avec *elle* ; *intriguées* avec *amies*.)

- L'adjectif se met au pluriel lorsqu'il se rapporte à **plusieurs noms** ; il se met au masculin pluriel lorsque les noms sont de genres différents.

  *Elle portait une chemise et une veste **blanches** et, pour trancher, des chaussures et un pantalon **noirs**.*

★ 1 Les adjectifs de ce texte d'Émile Zola sont proposés au masculin singulier. Rétablis les accords pour retrouver le texte original.

> Mais la (dernier) dernière vitrine surtout les retint. Une exposition de soies, de satins et de velours, y épanouissait, dans une gamme (souple) souple et (vibrant) vibrante, les tons les plus (délicat) délicats des fleurs : au sommet, les velours, d'un noir (profond) profond, d'un blanc de lait (caillé) caillé ; plus bas, les satins, les roses, les bleus, aux cassures (vif) vifs, se décolorant en pâleurs d'une tendresse (infini) infinie.

É. Zola, *Au Bonheur des Dames*, 1883.

SCORE .... / 8

★★ 2 Complète les phrases à l'aide des adjectifs suivants : neuf – neuve – neufs – neuves.

1. Ma voiture neuve est déjà en panne.
2. Montre-moi ton livre et ton stylo neufs.
3. Il a des chaussures neuves mais il préfère mettre les vieilles.
4. As-tu pensé à acheter une ceinture et un pantalon neufs ?
5. Est-ce que ces outils sont neufs ?
6. Neuves ou pas, je n'utiliserai jamais cette scie électrique et cette perceuse, j'ai trop peur de me blesser.

SCORE .... / 6

★★ 3 Entoure la bonne orthographe des adjectifs entre parenthèses.

1. des bonnets de laine (tricotée – tricotés) • **2.** un coupon de toile (écrue – écru) • **3.** des pantalons de toile (déchirée – déchirés) • **4.** de la confiture de fraises (sucrées – sucrée) • **5.** des éclats de verre (brisés – brisé) • **6.** un tas de feuilles (élevé – élevées)

SCORE .... / 6

ATTENTION
Avant de faire ton accord, souligne le nom auquel se rapporte l'adjectif et détermine son genre et son nombre.

COUP DE POUCE
À deux reprises, l'adjectif va s'accorder avec deux noms.

COUP DE POUCE
Demande-toi quel nom qualifie l'adjectif qualificatif.

Corrigés p. 13

TOTAL .... / 20

ORTHOGRAPHE

32 Accorder le verbe avec son sujet

Avec quoi le verbe s'accorde-t-il ?

- Le verbe s'accorde **avec le sujet** que l'on trouve en posant la question : *qui est-ce qui ?* ou *qu'est-ce qui ?* suivie du verbe.
- Le sujet peut être un nom, un groupe nominal ou un pronom.

★ 1 Souligne les sujets des verbes en couleur.

> « Bien des hôtes malheureux sont venus ici, mais je n'en ai pas encore vu qui ressemble autant que toi à Ulysse, pour l'allure, la voix, les pieds. » […] Or, la vieille, tâtant du plat de la main, reconnut la cicatrice au palper […]. La joie et la souffrance s'emparèrent de son esprit ; ses yeux se remplirent de larmes.

Homère, *L'Odyssée*, trad. M. Woronoff © Casterman. Avec l'aimable autorisation des Éditions Casterman.

SCORE ..../ 6

COUP DE POUCE
Tu dois trouver un sujet pronom.

Comment accorde-t-on le verbe ?

- Mets le verbe au **singulier** quand :
  - le sujet est au singulier : *Dans les arbres chant**e** l'oiseau.*
  - dans une tournure impersonnelle : *Il tomb**ait** de larges gouttes.*
  - le sujet est *on, chacun, aucun, personne, rien* : *On ignor**e** tout.*
- Mets le verbe au **pluriel** quand :
  - le sujet est au pluriel : *Les passants le regard**aient**.*
  → Prends garde à ne pas confondre le sujet avec un pronom complément placé avant le verbe (*nous, le, la*…).
  - il y a plusieurs sujets : *Vouloir et pouvoir **sont** deux choses différentes.*
  - le sujet est *beaucoup, trop, peu (de)* : *Beaucoup comp**tent** sur lui.*

★ 2 Relie chaque sujet au groupe verbal qui convient.

Plusieurs de mes amis •
Jean, mon frère, •
On •
Jules et sa sœur •
Tout le monde •
Beaucoup •
Jean, Anne et leurs enfants •
Toute la famille •

• aime chanter.
• aiment chanter.

SCORE ..../ 8

COUP DE POUCE
Lorsque le sujet a une valeur collective (ex. : tout le monde), l'accord se fait au singulier.

★★ 3 Complète chaque phrase avec un sujet possible en choisissant parmi ceux de la liste suivante : ouvrir et fermer – tu – les touristes – Marie – la plupart des gens**.**

1. Penses-.......... pouvoir venir demain ? • **2.** .... les attend pour dîner. • **3.** .... pensent que tu as tort. • **4.** .... sont des verbes de sens contraire. • **5.** La tour Eiffel est un monument qu'adorent ....

SCORE ..../ 5

COUP DE POUCE
Il y a deux sujets inversés.

Corrigés p. 13

TOTAL ..../ 19

ORTHOGRAPHE

33 Participe passé en -é et infinitif en -er

Pourquoi confond-on le participe passé en -é avec l'infinitif en -er ?

- À l'oral, l'infinitif en **-er** et le participe passé en ***-é, -és, -ée, -ées*** des verbes du premier groupe se prononcent de la même façon même si leur usage est différent.

  Essouflé (adjectif), *je suis arrivé* (temps composé) *en retard.*
  Sans m'inquiéter, je pense arriver en retard.

- L'**infinitif** se trouve en général soit après une préposition, soit après un verbe conjugué, ce qui n'arrive jamais avec un participe passé.

★ 1 Réécris les phrases en remplaçant les verbes en couleur par des verbes contraires.

COUP DE POUCE Tu dois trouver des verbes du 1er groupe.

1. Cette maison est à vendre. → Cette maison est à acheter.
2. Jeanne a perdu ses boucles d'oreille. → Jeanne a trouvé ses boucles d'oreilles.
3. Il faut ouvrir la porte de ta chambre. → Il faut fermer la porte.
4. Je fais refroidir son lait. → rechaufer

SCORE .... / 4

Comment les distinguer ?

- Quand tu hésites entre l'infinitif et le participe passé, remplace la forme douteuse par un **verbe du 3e groupe** ; ainsi tu entendras la différence et tu sauras s'il s'agit d'un infinitif ou d'un participe passé (par exemple, tu peux essayer avec : *prendre / pris*.

  Il veut gagner (prendre) *la course.* → *infinitif* *L'oiseau fut foudroyé* (pris). → *participe passé*

★★ 2 Complète chaque phrase par un verbe de la liste, puis souligne la forme verbale qui convient parmi celles proposées dans les parenthèses : permettre – vu – vaincu – abattre – ~~voir~~ – offert – ~~abattu~~ – ~~offrir~~ – ~~vaincre~~ – ~~permis~~

ATTENTION La forme choisie dans la liste doit être la même que la forme verbale à souligner.

1. À force de voir (regardé – regarder) des films d'horreur, il fait des cauchemars. • **2.** Ses enfants vont lui offrir (donné – donner) un cadeau pour sa fête. • **3.** Ce que tu fais là n'est pas permis (autorisé – autoriser). • **4.** C'est difficile, mais il faut vaincre (dominé – dominer) ta peur. • **5.** Le bûcheron a abattu (coupé – couper) ce vieil arbre.

SCORE .... / 10

★★ 3 Complète les verbes avec la terminaison qui convient : *-er* ou *-é*.

COUP DE POUCE Tu dois trouver trois participes passés.

« Je sais que Meaulnes est parti. Plus exactement, je le soupçonne de s'être échapp.é.. Sitôt le déjeuner termin.é., il a dû saut.er. le petit mur et fil.er. à travers champs. Il aura demand.é.. la jument pour all.er.. cherch.er.. M. et Mme Charpentier. Il fait attel.er. en ce moment. »

Alain-Fournier, *Le Grand Meaulnes* (1913).

SCORE .... / 8

Corrigés p. 14

TOTAL .... / 22

ORTHOGRAPHE

34 Accorder le participe passé

Comment accorder un participe passé employé comme adjectif ?

- Le participe passé employé comme **adjectif épithète** s'accorde en genre et en nombre avec le nom auquel il se rapporte. *une feuille fan**ée** – des hommes corromp**us***
- Le participe passé employé comme **adjectif attribut du sujet** avec le verbe *être* ou un verbe d'état (*paraître*, *sembler*, *devenir*...) s'accorde en genre et en nombre avec le sujet du verbe. *La feuille était fan**ée**. – Ils semblaient corromp**us**.*

1 Souligne tous les participes passés employés comme adjectifs qualificatifs épithètes, puis encadre les noms auxquels ils se rapportent.

> Elle demeura saisie d'étonnement. [...] Elle apercevait mille bibelots connus jadis, et disparus tout à coup [...], ces petits objets insignifiants qui avaient traîné quinze ans à côté d'elle [...], et qui [...] prenaient une importance soudaine de témoins oubliés, d'amis retrouvés. Ils lui faisaient l'effet de ces gens qu'on a fréquentés pendant longtemps sans qu'ils se soient jamais révélés et qui soudain [...] se mettent à bavarder sans fin [...]. Elle allait de l'un à l'autre se disant : « Tiens, c'est moi qui ai fêlé cette tasse de Chine.»

G. de Maupassant, *Une vie*, 1883.

SCORE .... / 8

COUP DE POUCE
Il y a quatre participes passés employés comme adjectifs épithètes.

Comment accorder un participe passé employé dans un temps composé ?

- Le participe passé employé avec l'**auxiliaire *être*** s'accorde en genre et en nombre avec le sujet. *Ils sont ven**us**. – Elle a été agress**ée**.*
- Le participe passé employé avec l'**auxiliaire *avoir*** s'accorde en genre et en nombre avec le COD, seulement s'il est placé avant le participe passé ; dans les autres cas, il reste invariable. *Je vois les traces qu'a laiss**ées** le cambrioleur.* → Le participe passé *laissées* s'accorde avec le COD *qu'* (qui représente *traces*, féminin pluriel), placé avant lui.

2 Explique l'accord des participes passés mis en couleur dans le texte de l'exercice 1.

1. traîné : ....
2. fréquentés : ....
3. fêlé : ....

SCORE .... / 3

INFO
Pour trouver le COD, trouve la question : *qui ?* ou : *quoi ?* après le verbe.

3 Accorde les participes passés des verbes entre parenthèses.

Avec son pauvre métier, mon grand-père a (faire) .... la plus belle chose du monde : il a (élever) .... quatre garçons et trois filles ; et il les a bien (élever) .... Bien des gens ont (pleurer) .... à son enterrement et son souvenir est (rester) .... dans bien des cœurs qu'il avait (consoler) ....

SCORE .... / 6

COUP DE POUCE
Seuls deux participes passés sont au pluriel.

Corrigés p. 14

TOTAL .... / 17

ORTHOGRAPHE

35 Distinguer *a* et *à*, *ou* et *où*, *et* et *est*

Comment distinguer les homophones *a/à*, *ou/où*, *et/est* ?

- Pour distinguer les homophones *a/à*, *ou/où*, *et/est*, il faut connaître leurs classes grammaticales.

a = verbe *avoir*	***à*** = préposition
est = verbe *être*	***et*** = conjonction de coordination
où = adverbe interrogatif ou pronom relatif	***ou*** = conjonction de coordination

- Si tu hésites, tu peux essayer des remplacements :
  - ***a*** ou ***à*** ? → s'il s'agit du verbe *avoir* (*a*), tu peux le remplacer par *avait*.
  - ***est*** ou ***et*** ? → s'il s'agit du verbe *être* (*est*), tu peux le remplacer par *était*.
  - ***ou*** ou ***où*** ? → s'il s'agit de la conjonction de coordination *ou*, tu peux la remplacer par *ou bien*.

★ 1 Coche le mot qui convient.

1. Toulouse ❑ a ❑ à été nommée la ville rose ❑ a ❑ à cause de la couleur des briques qu'on ❑ a ❑ à utilisées pour la construction des maisons.
2. Qui ❑ a ❑ à pensé ❑ a ❑ à apporter de la terre ❑ a ❑ à modeler pour le cours de sculpture de tout ❑ a ❑ à l'heure ?

SCORE .... / 7

COUP DE POUCE
Mets les phrases à l'imparfait pour repérer le verbe *avoir*.

★ 2 Complète avec *ou* ou *où*.

1. J'ignore .où. il veut en venir, mais je vois bien qu'il a encore deux .ou. trois tours dans son sac et je reste méfiant pour le cas .ou. il chercherait à me duper.

2. Fromage .ou. dessert ? Dans ce restaurant .où. tout est si bon, je ne me décide pas à prendre l'un .ou. l'autre.

SCORE .... / 6

INFO
ou bien indique qu'il y a le choix entre une ou plusieurs choses ou situations : lorque *ou* a ce sens, il ne prend pas d'accent.

★ 3 Complète ce texte tiré des *Malheurs de Sophie* avec *et* ou *est*.

Un jour, elle aperçoit une grosse abeille ..et. l'attrape dans son mouchoir : « J'ai bien envie de lui couper la tête avec mon couteau pour la punir de toutes les piqûres qu'elle s'..est. amusée à faire. Tant pis pour elle, c'..est. une vilaine bête ! » C'..est. à ce moment que sa mère entre. Elle .est. bouleversée ...et. indignée de la cruauté de Sophie.

Les Malheurs de Sophie, La Comtesse de Ségur (1858).

SCORE .... / 6

COUP DE POUCE
Mets les phrases à l'imparfait pour repérer le verbe *être*.

★★ 4 Complète avec les homophones suivants : a – à – ou – où – et – est.

Je suis indécis : .Où. vais-je aller ? en France ..et. à l'étranger ? Jean ..est. chanceux ; il n'.est. pas .ou.. choisir car il .a.. hérité d'une maison .à.. la campagne, dans le village .où. il .a... passé son enfance .et.. son adolescence, je ne sais plus, ..et.. il veut la remettre complètement en état ..~~et~~ ou. du moins commencer.

SCORE .... / 12

COUP DE POUCE
Il y a deux *ou* et deux *où*.

Corrigés p. 15

TOTAL .... / 31

ORTHOGRAPHE

36 Distinguer on et ont, son et sont

Comment choisir entre on et ont, son et sont ?

- Pour distinguer ces mots homophones, il faut connaître leur classe grammaticale.

son = déterminant possessif (→ *le sien*)	*sont* = verbe *être* (→ *étaient*)
on = pronom indéfini (→ *il, quelqu'un*)	*ont* = verbe *avoir* (→ *avaient*)

- **Attention !** Quand l'adverbe de négation ***n'*** suit le pronom indéfini ***on***, on ne l'entend pas. Tu dois repérer qu'il s'agit d'une phrase négative pour ne pas l'oublier.

*Avec ce bruit, **on n'**entend **pas** ce que tu dis.*

★ 1 Coche le mot qui convient.

1. Dans ❑ son ❑ sont champ, l'agriculteur voit que ❑ son ❑ sont blé est déjà haut.
2. Le chat dort dans ❑ son ❑ sont panier, les souris ❑ son ❑ sont tranquilles.
3. Les manches de ❑ son ❑ sont manteau ❑ son ❑ sont tachées, il va l'apporter chez ❑ son ❑ sont teinturier.
4. Ses amis ❑ son ❑ sont heureux de ❑ son ❑ sont retour.
5. Elle a hérité de ❑ son ❑ sont oncle d'Amérique.
6. J'ignore ❑ son ❑ sont âge exact, ainsi que celui de ❑ son ❑ sont frère, mais je sais qu'ils ❑ son ❑ sont plus âgés que moi.

SCORE .... / 13

COUP DE POUCE Il y a neuf *son*.

★ 2 Complète avec *on* ou *ont*.

1. .... a été surpris de gagner ; mais ils .... confirmé qu'....... ne rêvait pas.
2. .... a souvent peur des animaux, mais .... dit qu'ils .... encore plus peur que nous.
3. Ils nous .... téléphoné pour nous rappeler qu' .... avait rendez-vous ce soir.

SCORE .... / 8

COUP DE POUCE Complète par *il* : si la phrase a du sens, c'est le pronom indéfini *on*.

★★ 3 Complète les phrases suivantes avec *on* ou *on n'*.

1. .... est arrivé en retard.
2. .... a plus rien à dire.
3. .... ignore qui est invité.
4. .... aurait aimé que tu viennes demain.
5. .... a guère de chance de gagner ce pari.

SCORE .... / 5

ATTENTION La négation complète doit comporter deux mots.

★★ 4 Remplace les sujets par *on* et construis des phrases négatives.

1. Ce joueur aime tricher aux cartes. → ....
2. Qui a appelé ? → ....
3. Paul écrit toujours au stylo bleu. → ....

SCORE .... / 3

COUP DE POUCE Utilise la négation *ne pas*.

Corrigés p. 15

TOTAL .... / 29

ORTHOGRAPHE

37 Distinguer ce et se, ces et ses

Ce ou se ?

- ***Ce***, déterminant démonstratif, se trouve devant un nom ou un adjectif qualificatif.
  Ce *garçon est gentil.* On peut dire : ***Cet*** *enfant est gentil.*
- ***Ce*** (*c'*), pronom démonstratif, se trouve devant le verbe *être*.
  Ce *n'est pas prévu.* On peut dire : ***Cela*** *n'est pas prévu.*
- ***Se*** (*s'*), pronom personnel réfléchi, se trouve devant un verbe.
  Il ***se*** *lève.* On peut dire : *Je* ***me*** *lève.*

1 Complète les phrases avec les mots suivants : ce – se – c' – s'.

COUP DE POUCE c'est utilisé trois fois.

1. .... chaton .... tenait blotti sous .... carton.
2. ....est aujourd'hui qu'il .... marie.
3. Il .... entend assez bien avec .... camarade : .... est une chance !
4. .... sera toi ou .... sera moi : .... est un choix difficile !

SCORE ..../ 11

Ces ou ses ?

- ***Ces*** est le pluriel des déterminants démonstratifs ***ce***, ***cet***, ***cette***.
  J'ai jeté ***ces*** *boîtes. On peut dire : J'ai jeté* ***cette*** *boîte.*
- ***Ses*** est le pluriel des déterminants possessifs ***son*** et ***sa***.
  Il a oublié ***ses*** *livres. On peut dire : Il a oublié* ***son*** *livre.*

2 *Se* ou *ce*, *ses* ou *ces* ? Coche le mot juste.

COUP DE POUCE Tu dois trouver deux démonstratifs.

Le marquis de Carabas fit ❑ se ❑ ce que son chat lui conseillait, sans savoir à quoi cela serait bon. Pendant qu'il ❑ se ❑ ce baignait, le roi vint à passer, et le chat ❑ se ❑ ce mit à crier de toutes ❑ ses ❑ ces forces : « Au secours, au secours, voilà monsieur le marquis de Carabas qui ❑ se ❑ ce noie ! »
À ❑ se ❑ ce cri, le roi mit la tête à la portière, et reconnaissant le chat qui lui avait apporté tant de fois du gibier, il ordonna à ❑ ses ❑ ces gardes qu'on allât vite au secours de monsieur le marquis de Carabas. Pendant qu'on retirait le pauvre marquis de la rivière, le chat s'approcha du carrosse, et dit au roi que dans le temps que son maître ❑ se ❑ ce ce baignait, il était venu des voleurs qui avaient emporté ❑ ses ❑ ces habits, quoiqu'il eût crié au voleur de toutes ❑ ses ❑ ces forces.

C. Perrault, « Le Chat botté », in *Contes*, 1697.

SCORE ..../ 10

Corrigés p. 16

TOTAL ..../ 21

38 Mettre un *s* à *leur* si nécessaire

Comment reconnaître la nature de *leur* ?

- *Leur* est **pronom personnel** lorsque, placé avant ou juste après le verbe, il peut être remplacé par son équivalent singulier *lui*.
  *Nous **leur** donnons à manger. → Nous **lui** donnons à manger.*
- *Leur* (ou *leurs*) est **déterminant possessif** lorsqu'il introduit un nom en indiquant une idée de possession.
  *Ils ont oublié **leurs** manteaux.*

1 Indique la nature des mots en couleur : déterminant (D) ou pronom (P).

Tandis que les frégates surprises dans leur (.......) sommeil, hachées par nos boulets, pointaient leurs (.......) pièces sur le nuage de fumée qui stagnait entre elles, se canonnant mutuellement sans s'en apercevoir, le *Walrus* passait en proue des vaisseaux, leur (.......) déchargeait par le travers une volée des pièces du château-arrière. Nous leur (.......) avions envoyé dans leurs (.......) œuvres vives assez de fonte pour les rendre inoffensifs.

D'après R. Margerit, *L'Île des perroquets* © Éditions Phébus, Paris, 1946.

SCORE .... / 5

COUP DE POUCE Il y a trois déterminants et deux pronoms.

Quand met-on un *s* à *leur* ?

- Si *leur* est un pronom personnel, il reste invariable.
- Si *leur* est un déterminant possessif, il peut se mettre au singulier ou au pluriel
  – si tu peux le remplacer par *son*, *sa*, écris *leur* ;
  – si tu peux le remplacer par *ses*, écris *leurs*.
  *J'aime **les** forêts : **leurs** couleurs, **leur** beauté.*
  *→ J'aime **la** forêt : **ses** couleurs, **sa** beauté.*

2 *Leur* ou *leurs* ? Coche la bonne orthographe.

1. Je réponds à ❑ leur ❑ leurs courrier. • **2.** ❑ Leur ❑ Leurs amis sont charmants.
3. Il ❑ leur ❑ leurs a dit merci. • **4.** Il ❑ leur ❑ leurs a réparé ❑ leur ❑ leurs voiture.

SCORE .... / 5

COUP DE POUCE Il n'y a qu'un déterminant pluriel.

3 Au brouillon, réécris le texte suivant avec le nouveau début qui t'est proposé.

Jacques a décidé de partir en Bretagne chez son ami Lucien pour le week-end. Il lui a demandé s'il pouvait lui prêter sa maison de campagne ; il lui a répondu que c'était d'accord. Pour son voyage, l'agence de location de voitures de son quartier lui a proposé un véhicule adapté à ses besoins : à la fois confortable pour un long trajet et suffisamment spacieux pour ses trois enfants, ses bagages et son chien.

→ Jacques et Marie ont décidé de partir en Bretagne chez leurs amis Lucien et Anne pour le week-end. ....

SCORE .... / 16

ATTENTION La transformation va avoir des incidences sur les accords. Tu dois modifier seize mots.

Corrigés p. 16

TOTAL .... / 26

ORTHOGRAPHE

39 Utiliser les accents correctement

Dans quel cas ne pas accentuer le *e* ?

- On n'accentue pas le *e* :
  – s'il est suivi de la lettre *x* (*examen, annexe…*) ;
  – s'il appartient aux terminaisons *-ed*, *-er*, *-et*, *-ez*, ou *-eh* (*pied, cahier…*) ;
  – si on prononce la consonne finale de la syllabe (*bec, berceau, merci…*).

★ 1 Accentue comme il convient les *e* (*é* ou *è*) des mots en couleur.

1. Le bebe hurle de colere. • **2.** Le dompteur fit claquer son fouet d'un coup sec, bref et leger. • **3.** Le patient expose ses symptômes à son medecin : fievre, gorge seche, nez qui coule et paupieres gonflees en fin de journee. • **4.** Durant mon dernier safari, j'ai vu des elephants et des hyenes pres des points d'eau asseches. • **5.** Il eut une breve histoire d'amour avec cette etrangere, mais sa contree d'origine resta un mystere pour lui malgre ses recherches.

SCORE ..../ 5

COUP DE POUCE
Certains *e* ne doivent pas être accentués.

Quand utiliser l'accent circonflexe ?

- L'accent circonflexe remplace souvent **une consonne disparue**, un **s** dans la plupart des cas ; on retrouve en général le **s** dans certains mots de la même famille.
  *hôpital → ho**s**pitalier*
- L'accent circonflexe permet aussi de distinguer certains homonymes.
  *Le pain est **sur** la table, j'en suis **sûr**.*

★★ 2 Un accent circonflexe remplace souvent un *s* qui a disparu. Pour chacun des mots suivants, trouve un mot de la même famille comportant un *s*.

1. forêt : ....
2. intérêt : ....
3. fête : ....
4. vêtement : ....
5. goût : ....
6. arrêter : ....

SCORE ..../ 6

INFO
La lettre *s* qui a disparu était généralement placée juste après la lettre qui a pris l'accent.

Quand utiliser le tréma ?

- Le **tréma** sur les voyelles *e, i, u* sert à marquer la séparation de deux voyelles juxtaposées (*aïeul, haïr*) ou à indiquer que la voyelle qui précède doit se prononcer (*exiguë*).

★★ 3 Dans chacun des mots suivants, il manque un tréma : à toi de le replacer.

1. coincidence. ....
2. faience. ....
3. mais. ....
4. inoui. ....
5. capharnaum. ....
6. mosaique. ....
7. paien. ....
8. ouie. ....
9. canoe. ....
10. naif. ....

SCORE ..../ 6

INFO
Le tréma permet de savoir comment prononcer le mot.

Corrigés p. 16

TOTAL ..../ 17

ORTHOGRAPHE

40 Utiliser une apostrophe

À quoi l'apostrophe sert-elle ?

- L'apostrophe marque l'élision de ***a***, ***e*** et ***i*** devant un mot commençant par une voyelle ou un ***h*** muet.

Lettres élidées	Exemples
le **a** de *la*	*Il **l'**a* (la a) *rencontrée **l'**année* (la année) *dernière.*
le **e** de *je, me, te, se, le, de, ce, que*	***Qu'**il* (que il) ***t'**en* (te en) *donne ou pas, il **s'**en* (se en) *!* ***C'**est* (ce est) *tout.*
le **e** de *jusque, puisque, lorsque*	*Elle reste **jusqu'**à* (jusque à) *midi,* ***puisqu'**Isabelle* (puisque Isabelle) *doit la rejoindre.*
le ***i*** de *si* (seulement et toujours devant il, ils)	***Si** elle le souhaite et **s'**il* (si il) *le faut.*
le **a** et le **e** devant un h muet	***L'**héroïne* (la héroïne) *mange **le** hamburger :* ***le** hasard ou **l'**habitude* (la habitude) *?*

★ 1 Coche l'article qui convient.

	le	l'	la
architecture			
histoire			
artichaut			
empire			
frangipane			
hauteur			

	le	l'	la
héros			
espoir			
hockey			
insolence			
housse			
hameçon			

INFO
Héros et *héroïne* ont la même origine, mais *héros* a un *h* aspiré et *héroïne* un *h* muet.

SCORE ..../ 12

★★ 2 Toutes les apostrophes ont disparu ! Réécris-les correctement.

ATTENTION
Treize apostrophes ont disparu...

1. Aujourdhui, lophtalmologiste de lhôpital a vérifié ma vue. → ....

....

2. Il sen est fallu de peu quil rate son train ! → ....

....

3. Si elle ma vue arriver en retard, elle nen na rien dit. → ....

....

4. Il marrive davoir peur daller jusquau bout du couloir lorsquil fait trop noir, mais sil le faut, je domine mon angoisse. → ....

....

....

5. PuisquIrène refuse de laccueillir chez elle, il ira à lhôtel. → ....

....

SCORE ..../ 13

Corrigés p . 17

TOTAL ..../ 25

ORTHOGRAPHE

41 Mettre des majuscules

Quand emploie-t-on une majuscule ?

- On emploie une **majuscule** dans les cas suivants :
  - pour marquer, après un point, le début d'une phrase ;
    Je vais au cinéma. J'aime les films de science-fiction.
  - pour indiquer le début d'un vers en poésie classique ;
    Il pleure dans mon cœur / Comme il pleut sur la ville.
  - pour signaler un nom propre : noms de personnes ou d'animaux (*Brigitte, Dupond, Médor*) ; noms de peuples (*les Anglais, les Wallons*) ; noms géographiques (*la Loire, les États-Unis, Toulouse*) ; noms de fêtes (*Noël, la Saint-Valentin*) ; noms de divinités (*Zeus, Vénus*) ; noms d'œuvres artistiques, de journaux (*Germinal ; Le Monde*) ; noms d'événements historiques (*la Renaissance, la Libération*) ;
  - pour exprimer le respect, la considération (*Monsieur le Président*).

1 Les majuscules ont disparu ! Réécris ce texte au brouillon en les rétablissant.

c'est en cherchant à se rendre aux indes par le plus court chemin possible que christophe colomb découvrit un nouveau continent : l'amérique. de ce fait, il appela les habitants des îles où il accosta : les indiens. il prit possession de ces nouvelles terres au nom du roi d'espagne et baptisa tout naturellement l'île principale du nom d'« hispanolia » qui signifie « petite espagne », île nommée aujourd'hui haïti.

SCORE ..../ 11

COUP DE POUCE
Recherche les débuts de phrases et les noms propres.

Dans quels cas faut-il bien faire attention à utiliser une minuscule ?

- On utilise une **minuscule** et non une majuscule :
  - pour tous les adjectifs (*l'industrie française*) ;
  - les noms de langues et de religions (*le chinois, le bouddhisme*) ;
  - après le point-virgule (*Il est content ; cela se voit.*) ;
  - après les deux-points, sauf s'il est suivi d'une citation
    J'ai acheté : des poires, des pommes.
    Il dit toujours : « Petit à petit, l'oiseau fait son nid. ».

2 Entoure l'écriture qui convient.

(M / m)onsieur le (M / m)aire,

(J' / j')ai lu dans le magazine « (B / b)ien vivre au quotidien » que vous souhaitiez développer les cours de langues : « (Il / il)est important que chacun puisse découvrir une langue étrangère, l'(A / a)nglais ou le (R / r)usse, par exemple. » (L / l)es (R / r)usses de mon quartier et moi-même sommes ravis de cette initiative. (J / j)e tiens à me proposer pour animer différents ateliers : cuisine russe, chant traditionnel... ; l'idée d'un salon littéraire autour d'auteurs tels que (G / g)ogol ou (T / t)olstoï peut également être envisagée.

(V / v)euillez agréer, (M / m)onsieur le (M / m)aire, mes respectueuses salutations.

SCORE ..../ 15

COUP DE POUCE
Tu dois choisir la majuscule treize fois.

Corrigés p . 17

TOTAL ..../ 26

42 Chercher un mot dans le dictionnaire

À quoi un dictionnaire peut-il te servir ?

- Un dictionnaire est un outil d'information qui donne des renseignements sur les mots. Les mots sont présentés dans un **ordre alphabétique** : il faut donc maîtriser l'alphabet. Lorsque des mots commencent par la même lettre, c'est la deuxième lettre qui fixe leur classement, et ainsi de suite :

  femme – fille – finaud – flacon

★ 1 Numérote les mots suivants par ordre alphabétique :

.... tour • .... touche • .... touffe • .... touareg • .... touffu • .... toucher • .... touchant.

SCORE ..../ 7

COUP DE POUCE
Pour classer les mots, observe-les à partir de leur 4e lettre.

Comment l'information à propos d'un mot est-elle organisée ?

- L'article de dictionnaire fournit de nombreuses informations dans un ordre précis : l'**orthographe** du mot, sa **nature** (nom, adjectif...), ses différents **sens** (sens propre, sens figuré) avec des **exemples**. On peut y trouver d'autres informations : des synonymes, des antonymes, des homonymes, ainsi que l'étymologie du mot.
- L'article utilise des **abréviations**, dont la liste figure dans les premières pages du dictionnaire : syn. (synonyme), ant. (antonyme)...

★★ 2 Lis cet article du dictionnaire, puis réponds aux questions.

> **TÂCHE : n. m. 1.** Travail qu'on doit exécuter. → **besogne, ouvrage.** *Accomplir sa tâche. S'acquitter d'une tâche.* **2.** Ce qu'il faut faire : conduite commandée par une nécessité ou dont on se fait une obligation. → **devoir, mission, rôle.** *La tâche des parents.*
> ■ **hom.** Tache « salissure ».

1. Que signifie l'abréviation « n. m. » ? ....
2. Que signifie l'abréviation « hom. » ? ....
3. Combien le mot « tâche » a-t-il de sens ? ....
4. Souligne l'exemple qui illustre le deuxième sens du mot.

SCORE ..../ 4

INFO
Lorsqu'un mot possède plusieurs sens, chaque définition est précédée d'un chiffre.

★★ 3 Coche la bonne réponse.

1. Quelle est la nature du mot *drap* ? ❑ adjectif ❑ nom ❑ verbe
2. Quel est le genre du mot *anagramme* ? ❑ masculin ❑ féminin
3. Quelle est l'étymologie du mot *perspicace* ? ❑ perspicas ❑ perspicax
4. Quel est le contraire du mot *inusité* ? ❑ nuisible ❑ habituel ❑ utile
5. À quel mot familier peut-on associer le mot *soldat* ? ❑ militaire ❑ bidasse
6. Quel est le sens figuré du mot *lumière* ?
   ❑ ce qui éclaire les choses ❑ ce qui éclaire l'esprit

SCORE ..../ 6

COUP DE POUCE
Pour faire cet exercice, tu dois utiliser ton dictionnaire.

Corrigés p. 18

TOTAL ..../ 17

VOCABULAIRE

43 Distinguer sens propre et sens figuré

Qu'est-ce qu'un mot polysémique ?

- Un mot est dit polysémique quand il a **au moins deux sens différents.**
  chambre : la chambre à air d'un vélo ; une chambre dans une maison
- Un mot polysémique peut avoir un **sens propre** et un **sens figuré** :
  - **le sens propre** d'un mot est son sens premier, habituel, le plus souvent concret ;
    *une rue très **large***
  - **le sens figuré** est un second sens, imagé, du mot, le plus souvent abstrait.
    *avoir les idées **larges***

★ 1 Pour chacune des phrases suivantes, indique quel synonyme, parmi ceux proposés, correspond à l'emploi de l'adjectif « merveilleux » : remarquable – magique – beau.

1. La chorégraphie des deux patineurs était merveilleuse ! ....
2. Les bottes de sept lieues sont dotées de pouvoirs merveilleux. ....
3. Le soleil qui se reflète sur la mer crée de merveilleuses harmonies. ....

SCORE .... / 3

> INFO
> *Merveilleux* est un mot polysémique. Chaque sens a un synonyme différent.

★★ 2 Dans quel sens le mot *opération* est-il employé dans chaque phrase?

Le général a pris le commandement des opérations. •	• calcul
Le travail à la chaîne est une suite d'opérations ordonnées. •	• manœuvre militaire
Que d'opérations à faire pour trouver le résultat du problème ! •	• acte chirurgical
Il a subi une opération à cœur ouvert. •	• action qui produit un effet

SCORE .... / 4

> INFO
> Le sens propre et le sens figuré est une des informations données par le dictionnaire.

★★ 3 Indique si les mots en couleur sont employés au sens propre (P) **ou au sens figuré** (F).

1. Ce plat manque de sel (....). – Cette histoire manque de sel (....).
2. Le vent mugit (....) dans les arbres. – La vache mugit (....) pour appeler son petit.
3. Il brûle (....) de partir. – Je me suis brûlé (....) la main en cuisinant.
4. La moutarde me monte (....) au nez. – Il lui reste un étage à monter (....).
5. Il ne faut pas laisser bouillir (....) le café. – Si cela continue, je vais bouillir (....) de rage.
6. Il sème (....) la zizanie dans le groupe. – L'horticultrice sème (....) les graines de chaque fleur à différentes périodes.
7. Il a parfois des éclairs (....) de génie. – Les éclairs (....) zèbrent le ciel.
8. Ouvre les volets, cette pièce est trop sombre (....). – Il est de sombre (....) humeur.

SCORE .... / 16

> COUP DE POUCE
> Pour chaque mot, il y a un sens propre et un sens figuré.

Corrigés p. 18

TOTAL .... / 23

VOCABULAIRE

44 Trouver des synonymes

Qu'est-ce qu'un synonyme ?

- On appelle synonymes des mots qui ont le **même sens** et qui ont la **même nature** grammaticale (le synonyme d'un nom sera un nom, celui d'un verbe sera un verbe, etc.) : *aider – secourir* ; *aliment – nourriture*.

1 **Groupe deux par deux les mots qui sont synonymes parmi ceux de la liste suivante :**
achat – abattre – emplette – lâche – détresse – poltron – misère – détruire.

1. .... – ....
2. .... – ....
3. .... – ....
4. .... – ....

SCORE .... / 8

COUP DE POUCE
Utilise le dictionnaire pour les mots que tu ne connais pas.

2 **Donne un synonyme à chacun des mots suivants.**

1. vitesse → ra.................................
2. craindre → re.................................
3. incorrect → f.................................
4. calmer → tr.................................
5. agaçant → én.................................
6. célèbre → il.................................

SCORE .... / 6

ATTENTION
N'oublie pas que le synonyme d'un nom est un nom, et celui d'un verbe est un verbe !

Le sens de deux synonymes est-il exactement le même ?

- Souvent deux synonymes n'ont pas exactement le même sens.
Il fait exprès de m'inquiéter. – Il fait exprès de me terroriser.
→ *Inquiéter* a un sens moins fort que *terroriser*.

3 **Vrai ou faux ? Coche la bonne réponse.**

1. *Hurler* et *crier* sont synonymes, mais *hurler* a un sens plus fort que *crier*.
❑ Vrai ❑ Faux
2. *Se gausser* et *se moquer* sont synonymes, mais *se gausser* appartient à un langage plus soutenu que *se moquer*.
❑ Vrai ❑ Faux
3. *Audace* et *culot* sont synonymes, mais *audace* appartient à un langage plus familier que *culot*.
❑ Vrai ❑ Faux

SCORE .... / 3

4 **Retrouve la formulation originale de chacune de ces expressions en remplaçant le mot en couleur par un synonyme choisi dans la liste suivante :**
supplice – boîte – tonneau – épée.

1. la cassette de Pandore → ....
2. le fût des Danaïdes → ....
3. le châtiment de Tantale → ....
4. le fleuret de Damoclès → ....

SCORE .... / 4

INFO
Ces expressions sont tirées de la mythologie.

Corrigés p. 19

TOTAL .... / 21

VOCABULAIRE

45 Trouver un antonyme

Qu'est-ce qu'un antonyme ?

- On appelle antonymes ou **contraires** des mots dont le **sens** est **opposé** et qui ont la **même nature** grammaticale : *laideur – beauté* ; *monter – descendre*.

★ 1 Donne le contraire des mots suivants.

1. défaite → v..................................
2. épais → f..................................
3. bruyant → s..................................
4. occident → o..................................
5. avancer → r..................................
6. réussir → é..................................
7. accélérer → r..................................
8. attrister → r..................................

SCORE .... / 8

ATTENTION
Ces antonymes sont des mots qui s'opposent par leur sens et non par l'ajout d'un préfixe d'opposition.

★★ 2 Avec les préfixes *dé-*, *dés-*, *il-*, *im-*, *in-*, *ir-*, trouve le contraire des mots en couleur.

1. C'est un sol (perméable) .... • 2. Ce que tu fais est (légal) .... • 3. Les soldats sont (armés) .... • 4. Les traits de son visage sont (réguliers) .... • 5. L'artisan est (satisfait) .... du travail de son apprenti. • 6. Cet enfant est (patient) .... • 7. La situation est (bloquée) ....

SCORE .... / 7

ATTENTION
La formation des antonymes par ajout d'un préfixe d'opposition entraîne parfois un doublement de consonne.

★★ 3 Trouve le contraire des mots en couleur dans le texte suivant.

> Il était sale. Il portait son pantalon gris, toujours le même, tirebouchonné et taché. […] Ses mains surtout, et ses ongles étaient malpropres.

C. Etcherelli, *Élise ou La Vraie Vie* © Denoël, 1967.

1. sale → ....
2. taché → ....
3. malpropres → ....

SCORE .... / 3

COUP DE POUCE
N'oublie pas d'accorder l'adjectif avec le nom auquel il se rapporte.

Le sens de deux antonymes est-il exactement le même ?

- Le contraire d'un mot varie suivant les différents sens que ce mot peut prendre. Ainsi, le contraire de *léger* peut être : ***lourd*** *(un poids léger)* ; ***fort*** *(un bruit léger)* ; ***grave*** *(une faute légère)*.

★ 4 L'adjectif *frais* a plusieurs sens. Pour chaque phrase, choisis l'antonyme qui convient parmi ceux de la liste suivante : rassis – chaud – avarié.

1. Elle veut une boisson fraîche. → Elle veut une boisson ....
2. Le matin, je mange du pain frais. → Le matin, je mange du pain ....
3. Cette viande est fraîche. → Cette viande est ....

SCORE .... / 3

COUP DE POUCE
Donne chaque fois un mot différent.

Corrigés p. 19

TOTAL .... / 21

46 Distinguer des homonymes

Qu'est-ce qu'un homonyme et comment s'écrit-il ?

- Les homonymes sont des mots qui **se prononcent de la même façon**, qui peuvent avoir une orthographe identique ou différente, mais qui n'ont pas le même sens.

  *le **vers** (en poésie) ; le **verre** (pour boire)*

- Il faut donc chercher le **sens du mot dans la phrase** pour l'écrire correctement.

★ 1 Trouve les homonymes des noms suivants : ce sont des verbes à la 3e personne du singulier de l'indicatif présent.

1. un essai → il ....
2. l'air → il ....
3. une souris → il ....
4. un tort → il ....
5. le temps → il ....
6. un sort → il ....

SCORE .... / 6

ATTENTION Les terminaisons des verbes sont différentes selon les groupes.

★ 2 Relie les homonymes à leur définition.

le chaume •	• s'emplir d'échos
il chôme •	• un moment de repos
raisonner •	• l'action de poser
résonner •	• faire usage de la raison
la pose •	• il n'a pas de travail
une pause •	• la paille qui couvre le toit des maisons

SCORE .... / 6

COUP DE POUCE Aide-toi du sens pour trouver la bonne orthographe.

★★ 3 Coche l'homonyme qui convient.

1. Votre séjour sur la côte vous a bruni le ❑ thym ❑ teint ❑ tain.
2. La cuisinière a mis un bouquet de ❑ thym ❑ teint ❑ tain dans le ragoût.
3. Derrière les glaces, on applique un alliage métallique appelé ❑ thym ❑ teint ❑ tain.
4. Ma mère a engagé une jeune fille au ❑ père ❑ paire ❑ pers ❑ pair pour garder mon frère.
5. Mon voisin est ❑ père ❑ paire ❑ pers ❑ pair de deux enfants.
6. Athéna est la déesse aux yeux ❑ père ❑ paire ❑ pers ❑ pair.
7. Ils forment une sacrée ❑ père ❑ paire ❑ pers ❑ pair d'amis.

SCORE .... / 7

COUP DE POUCE *Pers* est une couleur où le bleu domine.

★★ 4 Retrouve le texte original en remplaçant les mots en couleurs par un homonyme.

> Ils se balancent comme des cloches, lorsqu'on est (dent) .... (lait) .... (chants) .... et (queue) .... le (vend) .... apporte (leurre) .... (voie) .... et l'éloigne tour à tour.

R. Rolland, *Jean-Christophe* © Albin Michel, 1912. Avec l'aimable autorisation des Éditions Albin Michel.

SCORE .... / 7

INFO Si tu confonds les homonymes, le texte ne veut plus rien dire : tu vois combien l'orthographe est importante pour la compréhension d'un texte.

Corrigés p . 20

TOTAL .... / 26

VOCABULAIRE

47 Utiliser des préfixes

Comment le français crée-t-il des mots nouveaux ?

- Pour créer des mots nouveaux, le français utilise le système de la **dérivation** : à partir du **radical**, partie qui exprime l'idée essentielle du mot, on ajoute un ou plusieurs éléments **affixes** qui sont de deux sortes : les préfixes et les suffixes.

★★ 1 Trouve le nom qui correspond à chaque définition en utilisant les préfixes suivants : anti- ; bi- ; co- ; im- ; sur-.

Définition	Nom	Préfixe
Personne qui fait équipe avec d'autres.	....	....
Enchère au-dessus d'une autre.	....	....
Personne qui parle deux langues.	....	....
Personne qui entre dans un pays étranger.	....	....
Objet qui empêche le vol.	....	....

SCORE ..../ 10

COUP DE POUCE
Dans chaque définition, des mots t'indiquent le sens du préfixe à utiliser.

Qu'est-ce qu'un préfixe ?

- Un **préfixe** se place **avant le radical**. L'ajout d'un préfixe ne change pas la nature grammaticale du mot : *porter* (verbe) → ***dé****porter* (verbe) → ***re****porter* (verbe).
- Les préfixes ont un sens précis : *pro-* a le sens de « en avant » (***pro****jeter*) ; *super-* a le sens de « au-dessus » (***super****poser*)...

★★ 2 Relie chaque préfixe à son sens.

déca- •	• nombreux
multi- •	• dix
mono- •	• mille
super- •	• seul, unique
mini- •	• au-dessus
kilo- •	• plus petit

SCORE ..../ 6

COUP DE POUCE
- Pour t'aider, lis les mots suivants, qui sont construits avec ces préfixes :
  - décaèdre
  - multicolore
  - supersonique
  - monologue
  - minibus
  - kilomètre.
- Parfois, on repère facilement le préfixe car il s'ajoute à un mot français que l'on connaît bien.

★★ 3 Classe les mots suivants selon le sens du préfixe *in-* : influence – infiltration – infatigable – incessant – incorporer – infirmité – incarcérer – infusion.

1. ***in-*** a le sens de « dans » dans les mots : ....

....

2. ***in-*** a un sens négatif dans les mots : ....

....

SCORE ..../ 8

Corrigés p. 20

TOTAL ..../ 24

VOCABULAIRE

48 Utiliser des suffixes

Où se place un suffixe ?

- Un suffixe se place **après le radical**.
- L'ajout d'un suffixe change souvent la nature grammaticale du mot.
  tirer (verbe) → *tir**oir*** (nom) ; *siffler* (verbe) → *siffle**ment*** (nom)

1 Donne les noms des professions dérivées des noms suivants.

1. dent → ....
2. dessin → ....
3. lunette → ....
4. chœur → ....
5. ébène → ....
6. papier → ....
7. chirurgie → ....
8. danse → ....

SCORE ..../ 8

INFO
Les noms de métiers sont souvent formés à partir d'un mot qui désigne le domaine d'activité auquel on ajoute le suffixe.

2 Transforme ces mots en utilisant des suffixes qui expriment la petitesse.

1. statue → ....
2. rue → ....
3. brin → ....
4. nappe → ....
5. table → ....
6. botte → ....

SCORE ..../ 6

COUP DE POUCE
Deux mots ont un suffixe en *-ette*.

3 Donne le sens des mots suivants, sachant que la terminaison *-ite* signifie « inflammation ».

1. otite : inflammation ....
2. gingivite : inflammation ....
3. hépatite : inflammation ....
4. bronchite : inflammation ....

SCORE ..../ 4

COUP DE POUCE
Tu peux t'aider du dictionnaire.

4 Ajoute un suffixe aux mots suivants en tenant compte des indications.

Forme un nom à partir d'un adjectif	fier →	beau →	difficile → ....
Forme un adjectif à partir d'un nom	exemple →	dépense →	femme → ....
Forme un nom à partir d'un verbe	atterrir →	livrer →	évoluer → ....
	croître →	inscrire →	paraître → ....
Forme un adverbe à partir d'un adjectif	fou →	évident →	abondant → ....

SCORE ..../ 15

ATTENTION
L'ajout d'un suffixe amène souvent des modifications dans l'orthographe du radical.

Corrigés p . 21

TOTAL ..../ 33

49 Choisir le bon niveau de langue

À quoi reconnaît-on le langage familier ou vulgaire ?

- On reconnaît le langage familier ou vulgaire aux caractéristiques suivantes :
  - un vocabulaire pauvre, limité ou déformé ;
  - une syntaxe peu élaborée, voire incorrecte ;
  - l'emploi dominant du présent.

  J'le kiffe pas ! – C'est quoi l'embrouille ? – Il est servi !

★ 1 À quel niveau de langage appartient ce texte ? Coche la bonne réponse.

> Cruift file le long de la touche, feinte un adversaire, shoote dans la foulée sur l'avant-centre qui contrôle impec de la tête, reprend du pied gauche et marque. Un à zéro après sept minutes de jeu ! C'est pas pour rire ! Ce sont des artistes ces mecs. Je rigole doucement en plus parce que Franck, il est pas jouasse du tout.

P. Cauvin, *Monsieur Papa* © Éditions Jean-Claude Lattès, 1976.

❏ soutenu ❏ courant ❏ familier

SCORE .... / 1

COUP DE POUCE Pour répondre, regarde bien la construction des phrases et le vocabulaire utilisé.

★★ 2 Les phrases suivantes, extraites du texte, ont une syntaxe incorrecte. Corrige ces erreurs, en conservant le même vocabulaire.

1. C'est pas pour rire ! → ....

2. Ce sont des artistes ces mecs. → ....

3. Je rigole doucement en plus parce que Franck, il est pas jouasse du tout.

→ ....

SCORE .... / 3

INFO La syntaxe concerne l'ordre des mots, la construction des phrases...

Quelles sont les caractéristiques du langage courant et du langage soutenu ?

- Les caractéristiques du **langage courant** : un vocabulaire commun ; une syntaxe simple mais correcte ; le non emploi des temps littéraires (pas de passé simple...).

  Je ne l'aime pas ! – Quel est le problème ? – Il a de la chance !

- Les caractéristiques du **langage soutenu** : un vocabulaire recherché ; une syntaxe complexe ; un emploi de tous les modes et temps.

  Je ne l'apprécie guère. – Quelle est la question ? – Il est fort chanceux !

★★ 3 Observe le texte de l'exercice 1. Relève les cinq mots qui appartiennent au langage familier. Propose, pour chacun, un synonyme appartenant au langage courant ou soutenu.

1. .... → ....

2. .... → ....

3. .... → ....

ATTENTION Le verbe *feinter*, employé dans un contexte sportif comme ici, n'appartient pas au langage familier.

4. .... → ....

5. .... → ....

SCORE ..../ 10

4 **a. Pour chacun des synonymes suivants du mot *mec*, indique s'il appartient au langage soutenu** (S), **courant** (C), **ou familier** (F).

1. gars → .... • 2. type → .... • 3. homme → .... • 4. individu → .... • 5. amant → .... • 6. personne → .... • 7. bonhomme → .... • 8. bougre → ....

b. Quel mot de la question a. ne correspond pas au sens du texte ? ....

SCORE ..../ 9

COUP DE POUCE
Quatre mots appartiennent à un niveau de langue familier.

5 **L'expression *rigoler doucement* exprime l'idée de moquerie.**
Relie chacun de ces mots synonymes au niveau de langage auquel il appartient.

se moquer •	• familier
se gausser •	• courant
se ficher •	• soutenu

SCORE ..../ 3

INFO
Le langage familier relève de la langue orale ; le langage soutenu, de la langue écrite.
Le langage courant est utilisé dans les deux langues.

6 **Réécris le texte de l'exercice 1 dans un langage plus soutenu en utilisant les mots de la liste suivante :** joueurs – plaisanter – courir – impeccablement – se gausser – content – excellents – tirer.

....

....

....

....

....

....

....

....

SCORE ..../ 8

COUP DE POUCE
Il y a différentes manières d'écrire ce texte tout en respectant la consigne.

7 **Complète le tableau suivant.**

Langage familier	Langage courant	Langage soutenu
p........................	voler	d........................
f........................	v........................	habit
bagnole	v........................	a........................
b........................	manger	se r........................

SCORE ..../ 8

COUP DE POUCE
Un des mots à trouver appartient à la famille de « restaurant ».

Corrigés p. 21

TOTAL ..../ 42

50 Utiliser le temps du passé qui convient

Quels sont les deux principaux temps du passé utilisés dans les récits ?

- Dans un récit au passé, on utilise traditionnellement **le passé simple** et **l'imparfait**.

> Lorsque le prince s'approcha de la haie d'épines, il vit de magnifiques fleurs qui s'écartaient d'elles-mêmes sur son passage et lui laissaient le chemin.

Grimm, *Contes merveilleux*.

★ 1 Lis cet extrait de *La Belle au bois dormant*. Souligne en bleu les verbes conjugués à l'imparfait et en rouge les verbes conjugués au passé simple.

ATTENTION
N'oublie pas l'imparfait passif *étaient endormis*.

> Lorsque le prince s'approcha de la haie d'épines, il vit de magnifiques fleurs qui s'écartaient d'elles-mêmes sur son passage et lui laissaient le chemin. Derrière lui, elles reformaient une haie. Dans le château, il vit les chevaux et les chiens de chasse qui dormaient. Sur le toit, les pigeons se tenaient la tête sous l'aile. Et lorsqu'il pénétra dans le palais, il vit les mouches qui dormaient contre le mur. [...] En haut, sur les marches du trône, le roi et la reine étaient endormis. Le prince poursuivit son chemin et le silence était si profond qu'il entendait son propre souffle. Enfin, il arriva à la tour et poussa la porte de la petite chambre où dormait la belle.

Grimm, « La Belle au bois dormant » *Contes merveilleux*, 1697.

SCORE .... / 17

Quelle différence y a-t-il entre l'imparfait et le passé simple ?

- L'imparfait est le temps de la description, de l'explication : il permet de décrire le décor, d'expliquer les impressions, les sentiments.
- Le passé simple est le temps de la narration : il permet de rapporter les actions qui font progresser l'histoire, les actions de premier plan.

★★ 2 Lis ce passage et coche les verbes qui conviennent.

COUP DE POUCE
Vérifie que tu as mis trois verbes à l'imparfait.

Je ❏ marchai ❏ marchais depuis près d'une demi-heure dans la campagne, lorsque ❏ j'aperçus ❏ j'apercevais, au détour du chemin, une bâtisse isolée. Un calme étrange ❏ se dégagea ❏ se dégageait de l'endroit.
Une envie irrésistible de jouer les « Sherlock Holmes » me ❏ saisit ❏ saisissait.
Je ❏ m'approchai ❏ m'approchais de la maison, ❏ traversai ❏ traversais rapidement le jardin et ❏ m'adossai ❏ m'adossais contre un mur, tout près d'une fenêtre. Le cœur battant, je ❏ scrutai ❏ scrutais quelques secondes à l'intérieur.
Derrière le voile blanc des rideaux, je ❏ découvris ❏ découvrais un spectacle terrifiant : au centre de la pièce, un cadavre de chat ❏ baigna ❏ baignait dans une mare de sang.

SCORE .... / 10

3 Les actions de premier plan

Dans l'extrait de *La Belle au bois dormant*, le fils du roi fait les actions de premier plan.

a. Relève, dans l'ordre, tous les verbes qui relatent ces actions.

....

....

....

b. À quel temps sont ces verbes ?

....

....

....

SCORE ..../ 6

ATTENTION

Il y a seulement cinq verbes d'action à proprement parler.

4 Les actions d'arrière-plan

À travers le regard du fils du roi apparaissent les différents éléments du décor.

a. Quels sont les cinq éléments du décor plongés dans le sommeil ?

....

....

....

b. À quel temps sont les verbes décrivant ces éléments ?

....

....

....

SCORE ..../ 6

COUP DE POUCE

Demande-toi ce que font les fleurs : dorment-elles ?

5 Comme tout le monde, tu connais la suite de cette histoire : le baiser du prince réveille la Belle au bois dormant et toute la Cour. Et si le baiser du prince ne réveillait pas la Belle, quelle fin imaginerais-tu alors ?

Écris, au brouillon, une autre fin à cette histoire en utilisant l'imparfait et le passé simple.

COUP DE POUCE

Pour t'aider à trouver des idées, réponds à ces questions : que fait le prince ? Trouve-t-il un autre moyen pour réveiller la Belle ou abandonne-t-il ? De nouveaux personnages apparaissent-ils ? Le décor reste-t-il le même ? La fin du récit est-elle heureuse ?

Corrigés p . 22

TOTAL ..../ 39

51 Écrire un récit

Quelles sont les caractéristiques du récit ?

- Écrire un texte narratif, c'est raconter une **suite d'événements réels ou imaginaires** formant une histoire, appelée récit.
- Un récit comporte des **personnages** qui agissent, au gré de circonstances favorables ou défavorables, pour atteindre des **objectifs**. Le personnage principal est le **héros**.
- On trouve des textes narratifs dans tous les genres d'écrits : romans, contes, nouvelles, lettres… Les buts d'une narration sont variés : amuser, surprendre, inquiéter, moraliser, donner une image du monde ou de la vie…

★ 1 **Lis le texte extrait d'*Alice au pays des Merveilles* puis réponds aux questions.**

COUP DE POUCE
Le héros est le personnage présent tout au long de l'histoire.

Assise à côté de sa sœur sur le talus, Alice commençait à être fatiguée de n'avoir rien à faire. Une fois ou deux, elle avait jeté un coup d'œil sur le livre que lisait sa sœur ; mais il n'y avait dans ce livre ni images ni dialogues [...] Elle était donc en train de se demander [...] si le plaisir de tresser une guirlande de pâquerettes valait la peine de se lever pour aller cueillir les pâquerettes, quand soudain un lapin blanc aux yeux roses vint à passer auprès d'elle en courant.
Il n'y avait là rien de particulièrement remarquable [...] pourtant, quand le lapin s'avisa de tirer de son gousset une montre, de consulter cette montre, puis de se remettre à courir de plus belle, Alice se dressa d'un bond [...]. Brûlant de curiosité, elle s'élança à travers champs à la poursuite de l'animal, et elle eut la chance de le voir s'engouffrer dans un large terrier qui s'ouvrait sous la haie. Un instant plus tard elle s'y enfonçait à son tour, sans du tout s'inquiéter de savoir comment elle en pourrait ressortir. Le terrier était creusé d'abord horizontalement comme un tunnel, puis il présentait une pente si brusque et si raide qu'Alice n'eut même pas le temps de songer à s'arrêter avant de se sentir tomber dans ce qui semblait être un puits très profond.

Les Aventures d'Alice au pays des Merveilles, Lewis Carroll, © Flammarion.

1. Où les événements racontés dans ce texte se déroulent-ils ?

....

....

2. Quels sont les personnages évoqués ? ....

....

3. Qui est le héros ?

....

SCORE ..../ 3

Comment un récit s'organise-t-il ?

- Un texte narratif s'organise en cinq étapes :
  - la **situation initiale**, qui présente les personnages, définit un cadre (temps, espace...) ;
  - l'**élément déclencheur**, fait ou action qui permet à l'action de démarrer ;
  - les **péripéties**, suite de rebondissements ou d'actions qui s'enchaînent ;
  - le **dénouement**, dernier événement qui permet à l'action de se dénouer ;
  - la **situation finale**, sorte de conclusion.

2 **1. À partir du texte, résume la situation initiale.**

....

....

2. À ton avis, quel est l'élément déclencheur ?

....

....

SCORE ..../ 2

INFO
L'élément déclencheur met fin à la situation initiale.

3 **Écris une péripétie qui met en scène Alice. Utilise les mots clés ci-dessous pour construire ton texte :** soif – flacon – boire – changer de taille.

....

....

....

....

....

....

....

....

SCORE ..../ 5

COUP DE POUCE
La péripétie fait rebondir l'action. Utilise des verbes qui vont la rendre vivante.

4 **Alice est tombée dans un puits profond qui lui a fait découvrir le pays des Merveilles. Pourra-t-elle quitter ce pays et retrouver sa sœur ? Imagine un dénouement et une fin à cette histoire.**

....

....

....

....

....

....

....

....

COUP DE POUCE
La fin de l'histoire peut se dérouler dans le monde réel ou dans le monde imaginaire.

Corrigés p . 22

TOTAL ..../ 10

LECTURE ET EXPRESSION ÉCRITE

52 Étudier une image

Comment interroger une image ?

- Lors d'une première étape, tu dois répondre, si possible, aux questions suivantes :
  - Quel est le **nom de l'artiste** ?
  - Quel est le **titre de l'œuvre** ? Quelle est la date ou **l'époque de sa réalisation** ?
  - S'agit-il d'un dessin, d'une peinture, d'un collage, d'une photographie ?
  - Que **représente** l'image : une personne, un objet, une scène, un portrait, un paysage ?
  - Quelle est la **nature du sujet** : un sujet historique, un sujet mythologique ?

Pieter Bruegel, *La Tour de Babel*, 1563 (Vienne, Kunsthistorisches Museum).

L'épisode de la tour de Babel se trouve dans la Bible.
Un jour, les hommes décidèrent de construire une tour qui devait atteindre les cieux. Mais Dieu jugea le projet démesuré et décida de disperser les hommes sur la Terre en créant la diversité des langues : ne parvenant plus à se comprendre, les hommes abandonnèrent effectivement la construction de la tour.

COUP DE POUCE
Lis attentivement la légende de l'image.

★ 1 Donne le nom du peintre et le titre de cette œuvre.

....

SCORE ..../ 2

★ 2 Observe cette reproduction, puis réponds aux questions en cochant la bonne réponse.

1. Cette œuvre est ❑ une sculpture ❑ une photographie ❑ une peinture.
2. Elle date du ❑ XVe siècle ❑ XVIe siècle ❑ XVIIe siècle.
3. L'artiste a illustré ❑ un mythe ❑ une histoire vraie ❑ un conte.
4. L'œuvre représente ❑ une ville en ruine ❑ un édifice en construction ❑ une cathédrale.

SCORE ..../ 4

INFO
Une image s'accompagne souvent d'un texte qui explique les circonstances dans lesquelles l'artiste a produit son œuvre.

Qu'appelle-t-on le cadrage ?

- Le cadrage, c'est la **place donnée par l'artiste à son sujet** par rapport aux limites (cadre) de l'image. On distingue quatre principaux cadrages :
  - le **plan d'ensemble** montre un assez grand espace comme une personne dans un paysage ;
  - le **plan moyen** présente une personne en entier et occupant la majeure partie du cadre ;
  - le **plan rapproché** coupe la personne à la taille ou à la poitrine ;
  - le **gros plan** ne montre que le visage de la personne.

3 **Quel est le cadrage choisi par Bruegel ?**

❑ un gros plan ❑ un plan d'ensemble ❑ un plan moyen

SCORE ..../ 1

Quelle sont les autres composants à analyser ?

- **L'angle de vue** : d'où vois-tu l'image ? On parle d'effet de **plongée** si tu vois d'en haut ce qui est représenté dans l'image ; de **contre-plongée** si tu vois d'en bas ; de **visée horizontale** si tu es au même niveau.
- **La profondeur de champ** : la perspective donne une impression de profondeur de l'image. Une image est faite de plusieurs plans, comme des images superposées : ainsi, en entrant dans l'image, tu rencontres d'abord le **premier plan**, puis le **second plan**, et enfin l'**arrière-plan** formé par le décor.
- **La lumière, les couleurs** : le choix de la lumière (intense ou diffuse, de face, contrastée) comme celui des couleurs (noir et blanc ou couleur ? couleurs chaudes – rouge, jaune, orange – ou couleurs froides – bleu, vert, violet – ?) donnent un sens à l'image.

4 **Réponds maintenant aux autres questions sur la composition du tableau.**

1. Cite trois couleurs qui dominent dans l'œuvre : ....
2. Parmi ces couleurs, souligne la (les) couleur(s) chaude(s). Quel élément est représenté par cette (ces) couleur(s) ? Pourquoi, à ton avis, l'artiste a-t-il fait ce choix ?

....

3. Imagine-toi face à l'œuvre, quel est ton angle de vue ?
❑ une contre-plongée ❑ une plongée ❑ une visée horizontale
4. Pourquoi, à ton avis, l'artiste a-t-il choisi ce point de vue ? À la place de qui s'est-il mis ?

....

5. Cite un élément du tableau qui se trouve au premier plan.

....

SCORE ..../ 5

COUP DE POUCE
Relis l'épisode de la *Tour de Babel*.

Comment évoquer les impressions produites par une image ?

- Tu peux te poser deux questions :
  – ton premier regard sur l'image : qu'as-tu ressenti ? Intérêt, souvenir, émotion : pourquoi, comment ?
  – ton étude de l'image : qu'as-tu appris ?

5 **Quelle a été ta première impression en voyant *La Tour de Babel* pour la première fois ? Cite un aspect qui te plaît particulièrement dans cette peinture.**

....

....

....

....

SCORE ..../ 4

INFO
La première impression ressentie face à une œuvre peut être liée à des souvenirs personnels.

Corrigés p . 23

TOTAL ..../ 16

Classes grammaticales et fonctions

Les classes grammaticales

Classe grammaticale	Exemples	Définition
Mots variables		
nom	*Julie, fille, amitié*	Un nom **désigne** un être, une chose ou une idée. *Julie* est un nom propre, *fille* est un nom commun.
déterminant	*un, le, cette, ses*	Un déterminant **introduit un nom.** Il forme avec lui un groupe nominal (minimal).
adjectif qualificatif	*beau, égale, puissants*	Un adjectif qualificatif apporte des **précisions sur le nom** qu'il qualifie.
pronom	*il, lui, celle, les siens*	En général, un pronom **remplace un nom** ou un groupe nominal (*pro* = « à la place de »).
verbe	*aimer, partait, serons*	Un verbe exprime une action ou un état. Il **se conjugue,** c'est-à-dire qu'il prend une forme différente selon le temps évoqué, le nombre et la personne du sujet.
Mots invariables		
adverbe	*ici, hier, clairement*	Un adverbe peut **s'ajouter** à un verbe, ou à un adjectif, un autre adverbe, une proposition.
préposition	*à, dans, à côté de*	Une préposition **sert de lien** entre un mot et son complément.
conjonction	*mais, ou, et, car,* *que, quand, dès que*	Une conjonction **relie deux propositions** : – de même nature (conj. de coordination) ; – principale et subordonnée (conj. de subordination).

Les fonctions

Fonction	Exemple	Définition
À l'échelle d'une proposition		
sujet	*Julie aime Théo.*	Le sujet répond à la question ***Qui est-ce qui ? / Qu'est-ce qui ?*** suivie du verbe.
complément d'agent	*Théo est aimé de Julie.*	Le sujet devient complément d'agent lors de la transformation d'une phrase active en **phrase passive.**
attribut du sujet	*Julie est étudiante.*	L'attribut du sujet exprime une **caractéristique du sujet** ; il s'y rapporte par l'intermédiaire d'un verbe d'état.
COD	*Julie aime le cinéma.*	Le COD **complète** le verbe, **directement** (sans préposition).
COI	*Théo s'initie à la calligraphie.*	Le COI **complète** le verbe, **indirectement** (avec une préposition).
COS	*Théo envoie un message à Julie.*	Le COS complète un verbe qui a déjà un complément d'objet.
complément circonstanciel	*Théo et Julie se voient avec plaisir.*	Un complément circonstanciel exprime une **circonstance** (temps, lieu, manière…) de l'action.
À l'échelle d''un groupe nominal		
épithète	*une étudiante sympathique*	Une épithète se rapporte directement à un nom.
complément du nom	*une étudiante en biologie*	Un complément du nom complète un nom à l'aide d'une préposition.

Les principales confusions orthographiques

Ne confonds plus…	Identifie…	Exemples
a et ***à***	• ***a*** : 3e pers. du sing. du v. *avoir* au présent • ***à*** : préposition	*Il* ***a*** (= avait) *mis du temps* ***à*** (≠ avait) *arriver.*
ou et ***où***	• ***ou*** : ou bien • ***où*** : exprime le lieu	*Sais-tu* ***où*** (≠ ou bien) *il est parti en vacances : à la mer* ***ou*** (= ou bien) *à la montagne ?*
on et ***ont***	• ***on*** : pronom sujet • ***ont*** : 3e pers. du pl. du v. *avoir* au présent	***On*** (≠ avaient) *est surpris par tout le travail qu'ils* ***ont*** (= avaient) *accompli.*
son et ***sont***	• ***son*** : déterminant possessif • ***sont*** : 3e pers. du pl. du v. *être* au présent	*Jules et Julie* ***sont*** (= étaient) *partis avec* ***son*** *scooter* (= le sien).
ces et ***ses***	• ***ces*** : déterminant démonstratif • ***ses*** : déterminant possessif	***Ses*** *parents* (les siens) *lui ont offert* ***ces*** *belles baskets rouges* (= celles-là).
ce et ***se***	• ***ce*** : déterminant ou pronom démonstratif • ***se*** : pronom réfléchi	*Barnabé* ***se*** *demande* (→ verbe *se demander*) *encore s'il va aller voir* ***ce*** *film* (= celui-là).
c'est et ***s'est***	• ***c'est*** : présentatif • ***s'est*** : se + est	• ***C'est*** (= cela est) *décidé : nous y allons.* • *Il* ***s'est*** *décidé à y aller* (→ verbe *se décider* au passé composé).
la, ***là*** et ***l'a***	• ***la :*** article ou pronom • ***l'a*** : le/la + a • ***là*** : adverbe de lieu	• *Il* ***la*** *prend dans ses bras.* • *Il* ***l'a*** *injuriée copieusement.* • *C'est* ***là*** *que je les ai vus pour la dernière fois.*
les, ***l'ai*** et ***l'est***	• ***les :*** article ou pronom • ***l'ai*** : le/la + ai • ***l'est*** : le/la + est	• *Il s'entretenait avec* ***les*** *voisins.* • *Je* ***l'ai*** *entendu rire.* • *Bizarre, il* ***l'est*** *réellement.*
ni et ***n'y***	• ***ni*** : conjonction de coordination de sens négatif • ***n'y*** : ne + y	• *Je n'ai* ***ni*** *regret* ***ni*** *rancœur.* • *Je* ***n'y*** *pense plus* (= Je ne pense plus à cela).
si et ***s'y***	• ***si*** : conjonction ou adverbe • ***s'y*** : se + y	• *Il est* ***si*** *tard. Je ne sais pas* ***si*** *j'ai le courage.* • *Il* ***s'y*** *est mis* (= Il s'est mis à cela).
sans et ***s'en***	• ***sans*** : préposition exprimant un manque • ***s'en*** : se + en	• *Il est parti* ***sans*** *elle.* • *Il* ***s'en*** *sort bien* (= Il se sort bien de cela).
dans et ***d'en***	• ***dans*** : préposition exprimant le lieu ou le temps • ***d'en*** : de + en	• *Le spectacle commence* ***dans*** *une heure.* • *Il est soulagé* ***d'en*** *sortir* (= de sortir de là) *sain et sauf.*

Achevé d'imprimer par l'Imprimerie de Champagne à Langres — France
Dépôt légal : 96997-3/02 — Avril 2015

IMPRIM'VERT

PAPIER À BASE DE FIBRES CERTIFIÉES

Hatier s'engage pour l'environnement en réduisant l'empreinte carbone de ses livres. Celle de cet exemplaire est de : 350 g éq. CO_2
Rendez-vous sur www.hatier-durable.fr